En salade, au four, à la cocotte,
des plats unique faciles à cuisiner

フランス人は、
気軽なひと皿で
食事を愉しむ。

上田淳子

気軽なひと皿で愉しむ、
フランスの若い世代の食事

この本で紹介するのは、若い世代のフランス人家庭のリアルな食事です。
実はフランスの一般家庭の食事は、意外とシンプル。
ひと昔前でも、メイン料理を作り、それだけでは足りない野菜やたんぱく質を補うために
もう1品作る。そこにときどきチーズをプラスするくらいでした。
美食家というイメージが強いフランス人ですが、
日々の食事は決して豪華ではなく、どちらかというと質素です。

もちろん、それは今も変わりません。
むしろ、若い世代の食事は以前にも増して手軽になってきているようです。
フランス人だって忙しい！　日本以上に共働きの家庭が多い国です。
彼らはもともと無理をして料理をしたりはしません。
頑張りすぎず、自分が快適に暮らすために時間を作り出すのがとても上手です。
そんな彼らの食事の最近の主流は、野菜と肉や魚介などのたんぱく質、
ときにはパンやパスタなどの炭水化物までもひと皿に入れ込む、
バランスのよいいわゆるオールインワン！
ひと皿だから簡単で短時間に作れるものばかりです。
なのに、どこかオシャレで気が利いて食事が楽しくなる、そんな風に思えます。

この本では、フランス人の若い世代が毎日のように食べるオールインワンの食事を、
調理法別に3つに分けて紹介しています。
1つめは、ボウルひとつで作るボリュームサラダ。
2つめは、天板ひとつで作る、オーブンに入れたらほったらかしのオーブン焼き。
3つめは、鍋ひとつで作るスープ煮やスープ。

ひと皿でもお腹いっぱい食べたい日、軽くすませたい日……。
その日の気分で、状況で選べるよう、いろいろなボリュームのひと皿にしています。
忙しくても食事の時間を楽しむことを諦めない彼らの食事は、
きっと皆さんの食事時間を豊かにするヒントになると思います。

上田淳子

CONTENTS

Part 1 | En salade
ボウルひとつでボリュームサラダ

「ボウルひとつでボリュームサラダ」の基本の作り方…… 012
基本のソースの作り方…… 014

1
P.016
サラダ・ニソワーズ

2
P.018
チキンソテーと
じゃがいものサラダ

3
P.020
ポーチドエッグと
野菜のサラダ

4
P.022
金時豆とステーク・アッシェの
サラダ

5
P.024
バゲットとハムの
ボリュームシーザーサラダ

6
P.026
ゆで麦とサーモンと
オレンジのサラダ

7
P.027
ケールと生ハム、
モッツァレラのライスサラダ

8
P.030
フロマージュ・ショーの
サラダ

9
P.032
アボカドとゆで卵の
タルティーヌ

10
P.034
ビーフステーキと
焼き野菜のタブレ

11
P.036
牛肉ソテーの
ボブン

12
P.037
トマトと牛肉ソテーの
エスニックサラダ

13
P.040
白いんげん豆と
シーフードのサラダ

14
P.042
さば缶とセロリのパスタサラダ
クリームチーズ風味

15
P.044
春の緑野菜の
えびバターソース

16
P.046
雑穀ミックスと蒸しほたての
サラダ オリーブソース

17
P.048
ズッキーニの
カルパッチョ

18
P.048
紫キャベツ、りんご、
ソフトサラミのラズベリーソース

19
P.049
焼きカリフラワーのサラダ
ホットソーセージソース

20
P.049
炒めきのことコンビーフの
サラダ 目玉焼きのっけ

Part 2 | Au four
天板ひとつで簡単オーブン焼き

「天板ひとつで簡単オーブン焼き」の基本の作り方……054

1
P.056
鶏もも肉の
はちみつビネガー焼き

2
P.058
スペアリブの
レモンタイムマリネ焼き

3
P.060
サルシッチャと
ブロッコリーのチーズ焼き

4
P.062
しいたけの
ひき肉詰め焼き

5
P.064
鶏肉とミニトマトの
ロースト パスタ添え

6
P.066
豚肉と夏野菜のスパイス焼き
クスクス添え

7
P.068
鶏肉とかぼちゃの
スパイス焼き タルティーヌ風

8
P.070
クリームチーズ風味の
きのこハンバーガー

9
P.072
鶏むね肉とりんごの
クリームクランブル

10
P.074
豚肉と夏野菜のオーブン焼き
インディアンスタイル

11
P.076
さけとじゃがいもの
ガレット焼き

12
P.078
塩さばとズッキーニと
トマトのオーブン焼き

13
P.080
いわしの
セロリ風味パスタ

14
P.082
えびとマッシュルームと
パンのエスカルゴバター焼き

15
P.084
たらとカリフラワーの
ドフィノア風

16
P.086
ほうれん草と
さけのフラン

17
P.088
シーフードのパイ

18
P.089
玉ねぎのパイ 生ハム添え

Part 3 | À la cocotte
鍋ひとつでたっぷりスープ煮

「鍋ひとつでたっぷりスープ煮」の基本の作り方 …… 094

1
P.096
鶏肉と白いんげん豆の
スープ煮

2
P.098
牛肉とビーツの
スープ

3
P.100
ラムのカレー煮

4
P.102
鶏肉の白ワイン煮
にんにく風味

5
P.104
手羽元と玉ねぎと
プルーンのタジン

6
P.105
魚介のスープ

7
P.108
あさりと
豚肉のスープ煮

8
P.110
コトリアード

9
P.112
アクアコッタ

10
P.114
ゆでささ身とゆで野菜の
セージバターソース

11
P.116
ゆで魚とゆで野菜の
ケイパーソース

12
P.118
ペイザンヌスープ

13
P.120
ミネストローネ

14
P.122
サーモンの
ミルクスープ ディル風味

Petits desserts de saison
季節のプチデザート

Spring ……124
ルバーブといちごのクランブル
いちごの冷たいスープ ハーブティー風味

Summer ……125
ブランマンジェ
サワーチェリーのクラフティー

Autumn ……126
洋なしのアーモンドクリーム焼き
秋のフルーツとドライフルーツのマリネ

Winter ……127
ババ
フルーツのグラタン

【この本を使う前に】
- にんにくは芽をとってから調理してください。芽がついていると焦げやすく、料理に苦みが出てしまいます。
- 小さじ1 = 5mL、大さじ1 = 15mL、1カップ = 200mLです。
- 火加減は特に表示のない限り、中火です。
- レシピ上、野菜の「洗う」「皮をむく」などの通常の下ごしらえは省略してあります。
  特に指示のない限り、その作業をしてから調理してください。
- 塩は特に表記のない限り、粗塩や自然塩を使用しています。
  精製塩を使う場合は、分量より少しだけ少なめにしてください。
- ワインは、白は辛口を、赤は渋味の少ないものを使用しています。
- オーブン料理は、ガスオーブンを使用しています。
  電気オーブンの場合は、レシピより10〜20℃温度を上げるのを目安に。
  熱源、機種によって焼き具合に差が出る場合があります。お使いのオーブンに合わせて調整してください。
  指定の温度に予熱してから焼きます。
- 電子レンジは600Wを使用したときの加熱時間の目安です。
  500Wの場合は加熱時間を1.2倍に、700Wの場合は0.8倍にしてください。

Part | 1
En salade

ボウルひとつで
ボリュームサラダ

野菜にたんぱく質、ときにはパンやパスタ、麦も入った、
栄養バランス的にもパーフェクトなサラダです。
大きなボウルでソースを作り、
その中に具を入れてあえれば、使うボウルはひとつだけ！
野菜をたっぷり食べたい日にどうぞ。

［野菜］
葉野菜など生で食べられる野菜を中心に、
火を通すとうまみが増す、きのこや実野菜など。

［たんぱく質］
ハムやツナなどのそのままで食べられるものから、
おいしさを閉じ込めて焼くステーキ肉、手軽なひき肉など。
卵、チーズなどもこの仲間。

［炭水化物］
パンやパスタ、麦、米、雑穀のほか、豆。
日本では野菜として食べられるじゃがいもも、
フランス人にとっては主食の位置づけ。

「ボウルひとつでボリュームサラダ」の基本の作り方

「ボウルひとつでボリュームサラダ」の作り方の流れをご紹介します。
素材が変わっても、基本的には手順もコツも共通です。
ポイントは「水けをしっかりきる」「食べる直前にあえる」の2つ。

Step 1

Step 2

野菜の下ごしらえ

葉野菜は水につけてパリッとさせ、その他の野菜は切るなどの下ごしらえをする。いずれの野菜も水けが残っているとソースが薄まってしまうので、しっかり水けをきる。

たんぱく質の下ごしらえ

肉や魚などの下ごしらえをし、調理する。ツナやハム、生ハムなどそのまま食べられるものなら手軽。肉は加熱直前に塩をふる。魚の切り身は塩をふって5分ほどおき、洗って臭みを抜いて水けをよく拭いてから調理する。

ソースを作る

大きなボウルでソースを作る。大きいボウルなら、「ソースを作る」「具材を加える」「あえる」までがひとつのボウルですむ。油と酢をよく混ぜてとろりと乳化させると具となじみやすい。

あえる

食べる直前にあえるのが、おいしさのポイント。あえてから時間が経つと、ソースの塩分で野菜から水分が出てきて味が薄まってしまうため。料理によってはあえずにソースをかける。

基本のソースの作り方

フランスではいわゆるドレッシングのこともソースと呼びます。
中でも最も一般的でソースの基本といわれるのが「ソース・ヴィネグレット」。
このソースの作り方をマスターすれば、
ビネガーやオイルを変えるだけでバリエーションが無限に広がります。

la sauce vinaigrette
ソース・ヴィネグレット

材料（2人分）
赤ワインビネガー…大さじ1
フレンチマスタード…小さじ1
塩、こしょう…各少々
サラダ油…大さじ2

大きめのボウルに赤ワインビネガー、フレンチマスタード、塩、こしょうを入れ、サーバーの背でよく混ぜ、塩をよく溶かす。

サラダ油を少しずつ加えながら混ぜ、乳化してとろりとするまで混ぜる。

でき上がり

ソース・バリエーション

[酢を変えて]

A りんご酢 _ りんごの甘酸っぱさが欲しいときに。りんご酢のほか、いちご酢、キウイ酢などもお好みで。
B 米酢 _ 米のうまみとほのかな甘み、まろやかな酸味があり、比較的どんな素材にも合う。
C レモン _ 酸味のほかにさわやかな香りもつけたいときに。臭みをやわらげてくれるので魚介のサラダに向くほか、エスニックサラダにも。
D バルサミコ酢 _ ぶどうを長期熟成させて作るビネガー。甘み、コクと穏やかな酸味が特徴で、少しクセのある野菜や肉類のサラダに向く。

まず1本めに揃えたいのは赤ワインビネガー。味が決まりやすいだけでなく、素材を選びません。味のバリエーションとして以下を揃えましょう。

[油を変えて]

A くるみオイル _ 香ばしく濃厚な香りが特徴の油。コクが欲しいときに。ハーブのサラダなどクセのある素材のときに向いている。
B オリーブ油 _ 青い香り、さわやかな香り、コクが欲しいときに。南仏でよく採れるトマトなどの素材と相性バツグン。
C ごま油 _ 香ばしい香りが欲しいときに。ごま油だけでもいいし、サラダ油に少し足してもよい。

1本めにはひまわり油、なたね油を。クセがなく、どんな具材のときにも合います。2本目に揃えたいのはこの3つ。

[具をプラス]

A スパイス _ ひとふりすると味わいが複雑に。クミンを加えると一気にエスニックな風味になる。
B レモンの皮（せん切りや削って） _ さわやかさをプラスしたいときに。サーモンやえび、たこなど魚介のサラダにぴったり。
C 粒マスタード _ 牛肉など、うまみの強い素材を入れたサラダのときに。逆に素材がシンプルなときにも。
D 粉チーズ _ コクを足したいときに最適。ゆで卵、ポーチドエッグなど、卵を使ったサラダとの相性がいい。
E ハーブ _ 刻んでドレッシングに加えると、さわやかなサラダに。ディルは魚介に、バジルはトマトなどと相性バツグン。

食感や香り、コクをプラスするアクセント素材をプラスすると、サラダがより立体的になります。ドレッシングに加えるほか、仕上げにかけても。

015

1 En salade
Salade niçoise

サラダ・ニソワーズ

南フランスの都市・ニースの郷土料理です。
ニースの漁港で獲れる、いわしやまぐろから作る、
アンチョビーやツナ缶を使うのが一般的です。

材料(2人分)
じゃがいも(メークイン)…2個(300g)
ツナ(ブロックタイプ)…1缶(90g)
サラダ菜…1個(80g)
トマト…2個(300g)
ゆで卵(熱湯から8分ゆで)…2個
バジル…2〜3枝
アンチョビー…2本
黒オリーブ(種抜き)…10粒

[ソース]
赤ワインビネガー…大さじ½
塩…ふたつまみ
こしょう…少々
オリーブ油…大さじ1

❶ じゃがいもをゆでる
じゃがいもは丸ごと水からやわらかくなるまでゆでる。急ぐ場合は、1個ずつラップで包み、2個で4分ほど電子レンジで加熱し、やわらかくする(途中、上下を返す)。粗熱がとれたら皮をむき、1cm幅の輪切りにする。

❷ 具の下ごしらえ
ツナは油をきる。サラダ菜は水につけてパリッとさせ、水けをサラダスピナーなどでしっかりきり、食べやすくちぎる。トマトは食べやすく切る。

❸ ソースを作る
大きめのボウルに赤ワインビネガー、塩、こしょうを入れ、サーバーの背でよく混ぜる。オリーブ油を少しずつ加えながら混ぜ、とろりとしたソース状にする。

❹ あえて器に盛る
③にツナ、じゃがいも、サラダ菜、トマトを入れ、ふんわり混ぜて全体にソースをからめ、器に盛る。バジルをちぎってのせ、半分に切ったゆで卵、ちぎったアンチョビー、オリーブを飾る。

2 En salade
Salade de pommes de terre au sauté de poulet

チキンソテーとじゃがいものサラダ

じゃがいもを皮つきのまま、じっくり焼くから、
ホクホク感と香ばしさが楽しめます。さらにつぶして味のなじみよく。
同じく香ばしく、ふっくらと焼いた鶏肉でボリュームも満点。

材料(2人分)
鶏もも肉 … 1枚(300g)
じゃがいも … 2個(300g)
ベビーリーフ、ルッコラ(合わせて) … 100g
コルニッション* … 8本(40g)
塩、こしょう … 各適量
オリーブ油 … 大さじ1
A
 赤ワインビネガー、フレンチマスタード
  … 各大さじ1
粗びき黒こしょう … 適量
*コルニッション … フランスの小ぶりなきゅうりのピクルス

[ソース]
赤ワインビネガー … 小さじ1
塩 … ひとつまみ
こしょう … 少々
オリーブ油 … 小さじ2

❶ **具の下ごしらえ**
ベビーリーフ、ルッコラは水につけてパリッとさせ、水けをサラダスピナーなどでしっかりきる。コルニッションは1cm幅に切る。じゃがいもは皮ごと7mm幅の輪切りに、大きければ半月切りにする。鶏肉は余分な脂を取り除き、一口大のそぎ切りにし、塩小さじ½、こしょう少々をすり込む。

❷ **じゃがいもを焼く**
フライパンにオリーブ油を熱し、じゃがいもを入れ、ときどき混ぜながらこんがり焼き色がつき、中に火が通るまで6〜7分焼き、塩、こしょう各少々をふり、取り出す。

❸ **肉を焼き、炒め合わせる**
②のフライパンに鶏肉の皮目を下にして入れ、こんがり焼き色がついたら返し、中に火が通るまで5分ほど焼く。②のじゃがいもを戻し入れ、軽くへらでくずすように混ぜ、コルニッション、Aを加えてざっくり混ぜ、火を止める。

❹ **ソースを作る**
大きめのボウルに赤ワインビネガー、塩、こしょうを入れ、サーバーの背でよく混ぜる。オリーブ油を少しずつ加えながら混ぜ、とろりとしたソース状にする。

❺ **あえて器に盛る**
④にベビーリーフ、食べやすくちぎったルッコラを入れ、ふんわり混ぜて全体にソースをからめ、器に盛る。中央に③の鶏肉、じゃがいもをのせ、粗びき黒こしょうをふる。

a _ 鶏肉は皮目を下にしてフライパンに入れ、香ばしい焼き色をつける。
b _ じゃがいもは全体に味がなじみやすいよう、ヘラで軽くつぶす。

3   Salade de légume et œuf poché
En salade

ポーチドエッグと野菜のサラダ

しっかり焼いた菜花のほろ苦さと香ばしいベーコンを
ポーチドエッグがまろやかに包み込みます。
ラディッシュは見た目の鮮やかさもさることながら、フレッシュな辛みがアクセントに。

材料（2人分）
卵 … 2個
マッシュルーム（しっかりかたいもの）
　　… 1パック（100g）
ラディッシュ … 4個
菜花（またはスティックセニョール、小松菜など）
　　… 1束（200g）
ベーコン … 2枚
パン（好みのもの）… 薄切り2枚
オリーブ油 … 大さじ1
粗びき黒こしょう … 適量

[ソース]
赤ワインビネガー … 大さじ1
フレンチマスタード … 小さじ1
塩 … 2つまみ
こしょう … 少々
サラダ油 … 大さじ2

❶ **ポーチドエッグを作る**
バットにペーパータオルを敷いておく。卵を小ボウルに割り入れる。鍋に湯1Lを沸かし、酢大さじ4（分量外）を入れ、菜箸などで鍋の湯をグルグルかき混ぜ、回転している湯に卵を1個ずつそっと入れ、白身が黄身を包み込んだら弱めの中火にし、さわらずに3分ほどゆでる。網じゃくしでそっと取り出して湯をきり、用意しておいたバットにきれいな面を上にしてのせる。

❷ **野菜の下ごしらえ**
マッシュルームは石づきを落とし、5mm厚さに切る。ラディッシュはきれいな葉を2〜3枚残して取り除く。

❸ **野菜を炒め、パンを焼く**
フライパンにオリーブ油を熱し、菜花、ベーコンを入れる。菜花をフライパンより小さい蓋などでぎゅっと押さえながら、焼き色がつくまで蒸し焼きにする。返し、裏面も同様に焼く。パンはオーブントースターで軽く焼く。

❹ **ソースを作る**
大きめのボウルに赤ワインビネガー、フレンチマスタード、塩、こしょうを入れ、サーバーの背でよく混ぜる。サラダ油を少しずつ加えながら混ぜ、とろりとしたソース状にする。

❺ **あえて器に盛る**
④に②、③の野菜を入れてふんわりとあえ、ソースをからめて器に盛る。ベーコン、焼いたパンをのせ、その上にポーチドエッグをおき、粗びき黒こしょうをふる。

a _ 卵をそっと入れると、湯の回転に合わせて卵もゆっくり回り、自然に白身が黄身を包み込む。
b _ 野菜とベーコンは、蓋などで押しながら焼き、香ばしい焼き色をつける。

4 En salade
Salade de haricots rouges au bœuf, sauce yaourt

金時豆とステーク・アッシェのサラダ

牛ひき肉や金時豆などパンチのある素材には
ほろ苦く、しっかりした味わいの葉野菜を合わせます。
ヨーグルトを混ぜながら食べると味わいが変わって楽しい。

材料（2人分）
ゆで金時豆（缶詰など）… 1カップ（150g）
牛ひき肉（赤身）… 150g
玉ねぎ … 1/4個（50g）
トレビス、クレソン … 130g
　（トレビス4枚、クレソン1束程度）
塩、こしょう … 各少々
ギリシャヨーグルト（プレーン）または
　水きりヨーグルト＊ … 120mL
＊水きりヨーグルト … ペーパータオルを敷いたざるに
プレーンヨーグルトを240mLをのせ、1時間ほど水きりしたもの。

[ソース]
赤ワインビネガー … 大さじ1
粒マスタード … 大さじ1/2
塩 … 小さじ1/4
こしょう … 少々
サラダ油 … 大さじ2

❶ 具の下ごしらえ
金時豆はざるに入れて汁けをきり、水でさっとすすいで水けをきる。玉ねぎは極細かいみじん切りにして水に5分ほどさらし、水けをきってペーパータオルで包んで水分を絞る。トレビス、クレソンは水につけてパリッとさせ、水けをサラダスピナーなどでしっかりきる。

❷ ステーク・アッシェを作る
牛ひき肉は手のひらでぎゅっと押さえて厚さ1cm程度に形作り、両面に塩、こしょう各少々をふる。フライパンにオリーブ油小さじ1（分量外）を熱して牛ひき肉を入れ、1分〜1分30秒焼き、返して同様に焼いて取り出す。

❸ ソースを作る
大きめのボウルに赤ワインビネガー、粒マスタード、塩、こしょうを入れ、サーバーの背でよく混ぜる。サラダ油を少しずつ加えながら混ぜ、とろりとしたソース状にする。

❹ あえる
③に金時豆、玉ねぎ、食べやすくちぎったトレビス、クレソンを入れ、ふんわり混ぜる。②を軽く割って加え、ざっくりとあえ、全体にソースをからめる。

❺ 盛る
皿にギリシャヨーグルトをのせ、スプーンの背で皿全体に広げる。④をのせる。

a _ 牛ひき肉は練ったりせず、ぎゅっと押さえるだけでOK。
b _ 皿全体にヨーグルトを敷き、食べるときに全体を混ぜる。

5 Salade césar aux croûtons
En salade

バゲットとハムのボリュームシーザーサラダ

ハリのある歯ごたえとほのかな苦みのあるロメインレタスに
ハムとパンでボリューム、くるみで食感をプラスします。
チーズのコクとマスタードの酸味がおいしいソースで！

材料（2人分）
フランスパン … 15cm
ハム（薄すぎないもの）… 100g
ロメインレタス … 大4枚（150g）
アボカド … 小1個（170g）
パセリ（みじん切り）… 大さじ3
くるみ … 6かけ（25g）

［ソース］
赤ワインビネガー … 大さじ1½
フレンチマスタード … 大さじ½
塩 … ふたつまみ
こしょう … 少々
サラダ油 … 大さじ1½
マヨネーズ … 大さじ3
パルミジャーノ・レッジャーノ
　（すりおろす・または粉チーズ）… 大さじ1

❶ パン、くるみを焼く
フランスパンは縦に4等分の棒状に切り、くるみと共にオーブントースターでこんがり焼き、くるみは粗く刻む。

❷ 野菜の下ごしらえ
ロメインレタスは水につけてパリッとさせ、水けをサラダスピナーなどでしっかりきり、横3cm幅に切る。アボカドは種と皮を取り除き、2cm角に切る。

❸ ソースを作る
大きめのボウルに赤ワインビネガー、フレンチマスタード、塩、こしょうを入れ、サーバーの背でよく混ぜる。サラダ油を少しずつ加えながら混ぜ、マヨネーズ、チーズを混ぜてとろりとしたソース状にする。

❹ あえて器に盛る
③に②、食べやすくちぎったハムとパン、パセリ、くるみを入れ、ふんわり混ぜて全体にソースをからめる。器に盛り、全体にパルミジャーノ・レッジャーノ適量（分量外）をおろして散らす。

ソースにパルミジャーノ・レッジャーノを加え、コクと風味をつける。

6 En salade
Salade d'orge à l'orange et au saumon cru, sauce yaourt

ゆで麦とサーモンとオレンジのサラダ （作り方 p.28）

7 En salade
Salade de riz et kale, au jambon cru et mozzarella

ケールと生ハム、モッツァレラのライスサラダ （作り方 p.29)

ゆで麦とサーモンとオレンジのサラダ

野菜とサーモンをレモンソースであえ、
さらにディル入りヨーグルトソースをかけます。
プチプチ食感のゆで麦も、なくてはならない名バイプレイヤー。

材料（2人分）
麦（炊飯用）… 50g
サーモン（刺し身用）… 180g
レタス … 大3枚
オレンジ … 1個

[ヨーグルトソース]
ディル … 3本
プレーンヨーグルト … 大さじ5
塩、こしょう … 各適量

[ソース]
レモン汁 … 大さじ1
塩 … ふたつまみ
こしょう … 少々
サラダ油 … 大さじ2

❶ 魚介、麦の下ごしらえ
鍋に湯1Lを沸かし、麦を入れて15分ほどゆで、ざるに上げて湯をきる。サーモンは1.5cm角に切り、塩2〜3つまみ（分量外）をふり、10分ほどおいて出てきた水分をペーパータオルで拭く。

❷ 野菜とフルーツの下ごしらえ
レタスは水につけてパリッとさせ、水けをサラダスピナーなどでしっかりきり、2cm四方に切る。オレンジは8等分のくし形に切り、上部の白いワタを切り取り、皮から実を切り取り、さらに横半分に切る。

❸ ヨーグルトソースを作る
ディルは葉先を摘んで刻み、ボウルに入れ、ヨーグルト、塩、こしょうを加え、あえる。

❹ ソースを作る
大きめのボウルにレモン汁、塩、こしょうを入れ、サーバーの背でよく混ぜる。サラダ油を少しずつ加えながら混ぜ、とろりとしたソース状にする。

❺ あえて器に盛り、ソースをかける
④に①、②を入れ、ふんわり混ぜて全体にソースをからめ、器に盛る。③のヨーグルトソースを全体にかける。

サーモンは塩をからめて10分ほどおく。
出てきた水分には臭みも入っているので、
きれいに拭く。

ケールと生ハム、モッツァレラのライスサラダ

苦みが心地よいケールとクレソンをもりもり食べるサラダ。
クリーミーなモッツァレラチーズやうまみの強い生ハムは
野菜の個性を生かしつつ、食べやすくしてくれます。

材料(2人分)
ケール、クレソン … 合わせて100g
生ハム … 40g
モッツァレラ … 1個
ご飯 … 大きめ茶碗1膳分(200g)
バジルの葉 … 2〜3本分
粗びき黒こしょう … 少々

[ソース]
レモン汁 … 大さじ1½
塩 … 小さじ¼
こしょう … 少々
オリーブ油 … 大さじ3

❶ **野菜の下ごしらえ**
ケール、クレソンは水につけてシャキッとさせ、水けをサラダスピナーなどでしっかりきり、食べやすくちぎる。

❷ **ソースを作る**
大きめのボウルにレモン汁、塩、こしょうを入れ、サーバーの背でよく混ぜる。オリーブ油を少しずつ加えながら混ぜ、とろりとしたソース状にする。

❸ **あえて器に盛る**
②にご飯、ちぎったモッツァレラ、①、バジルの葉をちぎって入れ、さっくり混ぜて全体にソースをからめる。器に盛り、生ハムをのせ、粗びき黒こしょうをふる。

8 Salade de fromage chaud
En salade

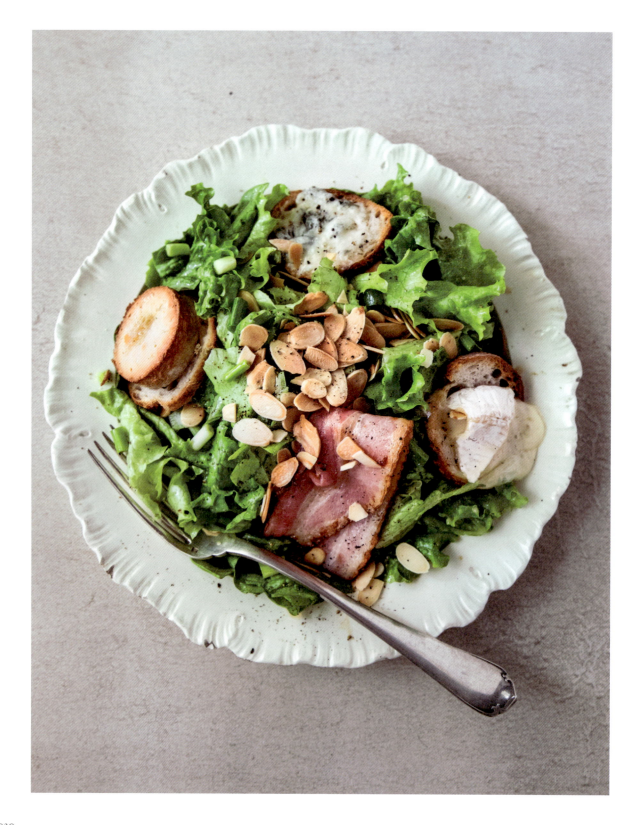

フロマージュ・ショーのサラダ

シェーブルチーズをのせて焼いたパン入りの
シェーブル・ショーのサラダがヒント。チーズは好みのもので。
「ショー」は温かいの意味なので、できたてをどうぞ。

材料(2人分)
サラダ菜 … 1個(80g)
グリーンカール … 2枚(40g)
万能ねぎ … 2本
フランスパン … 8mm厚さ6枚
チーズ(シェーブル、カマンベール、
　ブルーチーズなど) … 6切れ
ベーコン … 2枚
スライスアーモンド
　(または素焼きアーモンドを刻む) … 30g
粗びき黒こしょう … 適量

[ソース]
赤ワインビネガー … 小さじ2
フレンチマスタード … 小さじ1
塩 … ふたつまみ
こしょう … 少々
サラダ油 … 小さじ4

❶ **下ごしらえ**
サラダ菜、グリーンカールは水につけてパリッとさせ、水けをサラダスピナーなどでしっかりきり、食べやすくちぎる。万能ねぎは1cm幅に切る。

❷ **パン、スライスアーモンドを焼く**
オーブントースターの天板にホイルを敷き、スライスアーモンドを広げ、ほどよい焼き色がつくまで3〜5分焼き、取り出す。同じ天板にフランスパンをおき、1cm厚さに切ったチーズをのせる。空いたところにベーコンをおき、フランスパンはチーズがこんがりするまで、ベーコンはカリッとするまで、5〜10分焼き、焼けた順に取り出す。

❸ **ソースを作る**
大きめのボウルに赤ワインビネガー、フレンチマスタード、塩、こしょうを入れ、サーバーの背でよく混ぜる。サラダ油を少しずつ加えながら混ぜ、とろりとしたソース状にする。

❹ **あえて器に盛る**
③に①を加え、ふんわり混ぜて全体にソースをからめる。器に盛り、フランスパン、ベーコンをのせ、アーモンドを散らし、粗びき黒こしょうをふる。

チーズをのせたパン、
ベーコンはオーブントースターの
天板にのせ、一度に焼く。

9 En salade
Tartine d'avocats et d'œufs durs

アボカドとゆで卵のタルティーヌ

フランスのオープンサンド、タルティーヌ。
アボカドと卵はどちらもまったりしていますが、
合わせることでお互いの違いが際立ち、引き立て合う組み合わせです。

材料(2人分)
カンパーニュなどのパン … 2枚
アボカド … 1個
ゆで卵(熱湯から10分ゆで) … 2個
玉ねぎ … 1/5個(40g)
コルニッション … 5本(25g)
エストラゴンなどのハーブ … 1本
素焼きアーモンド … 10粒
塩、こしょう、粗びき黒こしょう … 各適量

[ソース]
マヨネーズ … 大さじ2
赤ワインビネガー … 小さじ1
塩、こしょう … 各少々

❶ 下ごしらえ
玉ねぎは極細かいみじん切りにし、水に5分ほどさらし、水けをきってペーパータオルで包んで水分を絞る。コルニッション、エストラゴンは粗く刻む。アボカドは種と皮を取り除く。パンは軽く焼き、アーモンドは刻む。

❷ ソースを作る
ボウルにマヨネーズ、赤ワインビネガー、塩、こしょうを入れ、よく混ぜ合わせる。

❸ あえる
②にゆで卵、アボカドを入れ、フォークの背でつぶしながら混ぜ、玉ねぎ、コルニッション、エストラゴンを加えてさらによく混ぜ、塩、こしょうで味を調える。

❹ パンにのせる
パンに③をのせて器に盛り、アーモンドをのせて粗びき黒こしょうをふり、好みでエストラゴンを添える。

アボカド、ゆで卵はフォークの背で
つぶしながら混ぜる。

10 — En salade
Taboulé au bœuf et aux légumes grillés

ビーフステーキと焼き野菜のタブレ

パスタの仲間・クスクスと野菜をソースであえるタブレ。
プチプチ食感が持ち味で、肉や野菜によくからみます。
ミントやバジルはお好みですが、たっぷり加えるとさわやか！

材料(2人分)
クスクス粉 … ½カップ
牛ステーキ用 … 1枚(150g)
ズッキーニ … 1本(15g)
黄パプリカ … 1個(150g)
ミニトマト … 10個
ミント、バジル(粗く刻む) … 各適量
A
　塩 … ひとつまみ
　熱湯 … ½カップ
　オリーブ油 … 小さじ1
塩、こしょう … 各適量
オリーブ油、サラダ油 … 小さじ1

[ソース]
赤ワインビネガー … 大さじ1
塩 … 小さじ¼
こしょう … 少々
オリーブ油 … 大さじ2

❶ クスクスをもどす
耐熱ボウルにクスクス粉を入れ、Aの塩、熱湯を加えて軽く混ぜ、皿などで蓋をし、5分ほどおいてもどす。全体を混ぜてほぐし、オリーブ油を加えて混ぜる。

❷ 野菜を下ごしらえし、焼く
ズッキーニは1cm幅の輪切り、パプリカはヘタと種を取り、食べやすい大きさに切る。ミニトマトはへたを取る。ボウルにズッキーニとパプリカを入れ、オリーブ油を加えて全体を混ぜる。魚焼きグリルにズッキーニ、パプリカを並べて焼き、こんがり焼けたものから取り出す。

❸ 牛肉を焼く
牛肉は塩小さじ⅓、こしょう少々をふる。フライパンにサラダ油を熱し、牛肉を入れ、両面を好みの焼き加減に焼く。取り出し、5分ほどおいてからそぎ切りにする。

❹ ソースを作る
大きめのボウルに赤ワインビネガー、塩、こしょうを入れ、サーバーの背でよく混ぜる。オリーブ油を少しずつ加えながら混ぜ、とろりとしたソース状にする。

❹ あえて器に盛る
④に①のクスクス、ミント、バジルを入れてあえる。②のミニトマト以外の野菜、③の牛肉を加え、ざっくりあえる。器に盛り、ミニトマトを散らし、あればミントを飾る。

味がなじみにくいクスクス、
香りをつけるミント、
バジルを先にソースであえる。

11 En salade
Bo Bun au bœuf

牛肉ソテーのボブン （作り方 p.38）

12 En salade
Salade de tomate et bœuf sauté au nuoc-mâm

トマトと牛肉ソテーのエスニックサラダ （作り方 p.39）

牛肉ソテーのボブン

ボブンはフランスで生まれた、混ぜビーフン。
シャキシャキ生野菜とハーブをたっぷり！　がおいしさの秘密。
ピーナッツがいいアクセントになり、箸が進みます。

材料（2人分）
牛薄切り肉 … 150g
ビーフン … 100g
紫玉ねぎ … 1/4個（50g）
レタス … 2枚
きゅうり … 1/2本
もやし … 1/2袋（100g）
パクチー、バジル、ミント … 各適量
ピーナッツ（軽く刻む）… 大さじ4
A
　ナンプラー … 小さじ1
　砂糖、酢 … 各大さじ1/2
　おろしにんにく … 少々
サラダ油 … 小さじ1

[ソース]
ナンプラー … 大さじ2
カイエンヌペッパー（または一味）… 適量
砂糖 … 大さじ2
レモン汁 … 大さじ2

❶ 野菜の下ごしらえ
紫玉ねぎは極薄切りにし、水に5分ほどさらして水けをペーパータオルで包んで絞る。レタスは水につけてパリッとさせ、水けをサラダスピナーなどでしっかりきり、細く切る。きゅうりは細切りにする。

❷ ビーフン、もやしをゆでる
ビーフン、もやしはそれぞれ熱湯でさっとゆで、水けをきる。

❸ 牛肉を炒める
牛肉にAをもみ込む。フライパンにサラダ油を熱し、牛肉を入れ、さっと炒める。

❹ ソースを作る
ボウルにソースの材料を入れ、よく混ぜる。

❺ 器に盛る
器に②を盛り、①、③、パクチー、バジル、ミント、ピーナッツをのせ、④をかけ、混ぜて食べる。

牛肉はおろしにんにくなどで下味をつけてから、炒める。

トマトと牛肉ソテーのエスニックサラダ

炒めた温かい牛肉と、冷たいトマトを合わせた「ひやあつ」レシピ。
決め手は、青唐辛子の清々しい辛みと香菜の軸の特徴的な香り。
2つが入ることで、一気にエスニックな味わいになります。

材料(2人分)
トマト … 2〜3個
牛薄切り肉 … 150g
紫玉ねぎ … ¼個(50g)
パクチー … 1〜2株
塩、こしょう … 各少々
サラダ油 … 小さじ1

[ソース]
酢 … 大さじ1
ナンプラー … 小さじ2
砂糖 … 小さじ2
サラダ油 … 大さじ1
青唐辛子(小口切り・なければ一味)
　… 1cm分

❶ 野菜の下ごしらえ
紫玉ねぎは極薄切りにし、水に10分ほどさらし、水けをきってペーパータオルで水けを絞る。トマトはくし形に切り、冷やす。パクチーは軸と葉に分け、軸は細かく刻む。

❷ ソースを作る
大きめのボウルに酢、ナンプラー、砂糖を入れ、サーバーの背でよく混ぜる。サラダ油を少しずつ加えながら混ぜ、とろりとしたソース状にし、青唐辛子を混ぜる。

❸ 肉を炒め、ソースに加える
牛肉は食べやすく切り、塩、こしょうをふる。フライパンにサラダ油を熱し、牛肉を広げて入れ、さっと炒め、②に加える。

❹ トマトを加える
③にトマト、パクチーの軸、紫玉ねぎを入れてざっくりあえる。器に盛り、パクチーの葉をのせる。

青唐辛子は冷凍しておくと、旬でない季節も使えて便利。

13 — En salade
Salade de haricots blancs et de fruits de mer

白いんげん豆とシーフードのサラダ

シーフードと豆は思いのほか相性のいいコンビです。
2つをつなげるのは、キリッとした酸味が持ち味のレモン。
レモン汁とすりおろした皮、ダブルで使うのがコツです。

材料(2人分)
ゆで白いんげん(缶詰など)…1カップ(150g)
ゆでえび(サラダ用)…80g
ゆでだこ(刺し身用)…80g
紫玉ねぎ…¼個(50g)
グリーンカール、サニーレタスなど…100g
パセリ(みじん切り)…大さじ2

[ソース]
レモン汁…大さじ1
レモンの皮(黄色い部分のすりおろし)
　…½個分
塩…ふたつまみ
こしょう…少々
サラダ油、オリーブ油…各大さじ1

❶ **下ごしらえ**
紫玉ねぎは極薄く切り、水に5分ほどさらし、水けをきってペーパータオルで包んで水分を絞る。グリーンカール、サニーレタスは水につけてパリッとさせ、水けをサラダスピナーなどでしっかりきる。白いんげん豆はざるに入れて汁けをきり、水でさっとすすいで水けをきる。たこは食べやすく切る。

❷ **ソースを作る**
大きめのボウルにレモン汁、レモンの皮、塩、こしょうを入れ、サーバーの背でよく混ぜる。サラダ油、オリーブ油を少しずつ加えながら混ぜ、とろりとしたソース状にする。

❸ **あえて器に盛る**
②に①(グリーンカール、サニーレタスは食べやすくちぎる)、えび、パセリを入れ、ふんわり混ぜて全体にソースをからめる。

14 En salade
Salade de pâtes aux maquereaux et au céleri à la crème de fromage

さば缶とセロリのパスタサラダ
クリームチーズ風味

さば缶の強い香りにも負けない、
爽快な香りを持つセロリとディルをたっぷり合わせます。
酸味とコクのあるチーズソースがまとめ役。

材料(2人分)
好みのショートパスタ(チェレンターニなど)
　… 100g
さば水煮缶 … 1缶(190g)
セロリ … 大1本(150g)
ディル … 3〜4本(1/2パック)
塩、こしょう … 各少々
赤ワインビネガー … 大さじ1/2

[ソース]
クリームチーズ … 60g
牛乳 … 大さじ1〜2

❶ パスタをゆでる
鍋に1Lの湯を沸かして塩小さじ2(分量外)を入れ、パスタを入れ、袋の表示通りにゆで、ざるに上げて冷ます。

❷ 野菜の下ごしらえ
セロリは葉(好みの量)も一緒に横に細く切る。ディルは葉を摘み、粗く刻む。

❸ ソースを作る
大きめのボウルにやわらかくしたクリームチーズを入れ、へらでなめらかに練り混ぜる。牛乳を様子を見ながら加え、なめらかにする。

❹ さば缶を混ぜ、他の具をあえる
さば缶の汁けをきって❸に加え、フォークで粗くほぐし、全体を混ぜる。均一になったら❷を加え、よく混ぜる。塩、こしょう、赤ワインビネガーを加えて混ぜ、かたいようならさらに牛乳(分量外)を加えてかたさを調整し、❶のパスタを加えてあえる。

練ったクリームチーズに
牛乳を加えて伸ばし、濃度を調整する。

15 — En salade
Légumes de printemps aux crevettes

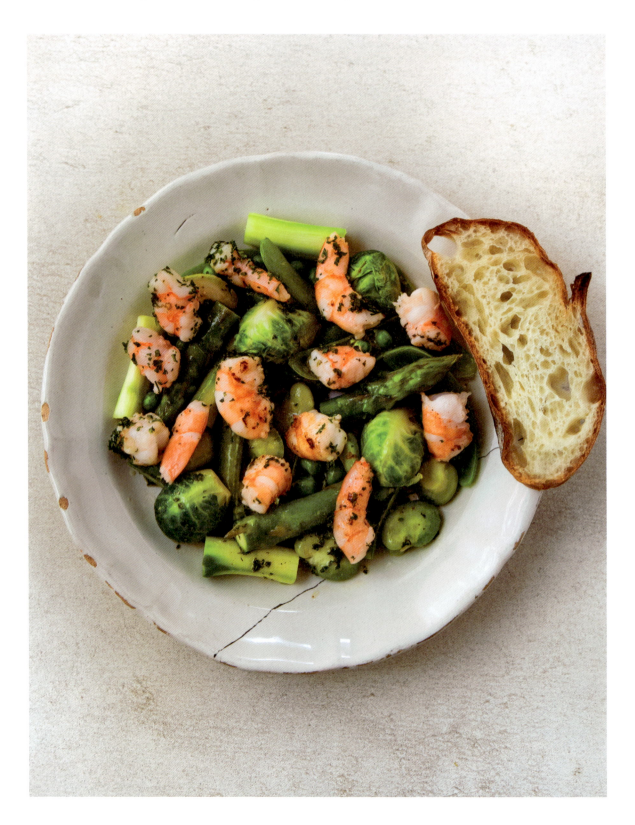

春の緑野菜のえびバターソース

春の訪れを感じる、グリーンの濃淡が美しい野菜に
バターで炒めたえびの赤が鮮やかなアクセントを添えます。
甘い香りがふわ〜っと漂っているうちにいただきましょう。

材料(2人分)
スナップえんどう…10本
アスパラガス…太め4本
そら豆…20粒
芽キャベツ…4〜6個

[ソース]
えび…大10尾(200g)
バター…20g
塩、こしょう…各少々
レモン汁…大さじ2
パセリ(みじん切り)…大さじ1

❶ 野菜の下ごしらえ
スナップえんどうは筋を取る。アスパラガスは根元を落とし、根元近くのかたい皮をピーラーでむき、4〜5cm長さに切る。

❷ えびの下ごしらえ
えびは背ワタ、殻、尾を取り、片栗粉大さじ½、水少々(各分量外)と共にボウルに入れ、もみ洗いする。表面がグレーになったら水洗いし、水けをきってペーパータオルで拭き、2〜3等分に切る。

❸ 野菜をゆでる
鍋に湯を沸かして塩少々(分量外)を入れ、①、そら豆、芽キャベツをそれぞれゆで、ざるに広げる。粗熱がとれたらそら豆は皮をむき、スナップえんどうはふたつに裂き、芽キャベツは半分に切る。器に盛り合わせ、軽く塩をふる。

❹ ソースを作る
フライパンにバター、えびを入れて中火にかけ、バターが溶けて泡立ち、えびに火が通ったら、塩、こしょう、レモン汁、パセリを入れ、煮立ってきたらすぐに火を止める。

❹ ソースをかける
③の野菜に④のソースをかける。フライパンに残ったソースもゴムべらなどでぬぐってかける。

溶かしたバターでえびを炒め、
色が変わったら
手早く調味して火を止める。

16 — En salade
Salade mélangée de riz et céréales aux pétoncles, sauce aux olives

雑穀ミックスと蒸しほたてのサラダ オリーブソース

ビネガーであえたご飯は、例えるならサラダ寿司。
市販の雑穀ミックスを利用すれば手軽に作れます。
おいしさのコツは、いんげんをやわらかめにゆでる一点のみ。

材料(2人分)
雑穀ミックスを入れて炊いたご飯
　(または白いご飯)… 150g
蒸しベビーほたて… 150g
さやいんげん… 150g
玉ねぎ… 1/4個(50g)
ミックスリーフ… 1袋(50g)

[ソース]
赤ワインビネガー… 大さじ1
フレンチマスタード… 小さじ1
塩… ふたつまみ
こしょう… 少々
サラダ油、オリーブ油… 各大さじ1
オリーブ(刻む)… 10粒程度

❶ **下ごしらえ**
鍋に湯を沸かし、さやいんげんを入れてやわらかめにゆで、ざるに広げて冷まし、縦に裂く。玉ねぎは極細かいみじん切りにし、水に5分ほどさらし、水けをきってペーパータオルで包み、水分を絞る。ミックスリーフは水にさらしてパリッとさせ、水けをサラダスピナーなどでしっかりきる。

❷ **ソースを作る**
大きめのボウルに赤ワインビネガー、フレンチマスタード、塩、こしょうを入れ、サーバーの背でよく混ぜる。サラダ油、オリーブ油を少しずつ加えながら混ぜ、とろりとしたソース状にし、オリーブを混ぜる。

❸ **あえて器に盛る**
②に①、ベビーほたて、雑穀ミックスを入れて炊いたご飯を入れ、ふんわり混ぜて全体にソースをからめる。

17

En salade

Carpaccio de courgette au jambon cru

ズッキーニのカルパッチョ
(作り方 p.50)

18

En salade

Salade de chou à la pomme et au salami, sauce vinaigrette à la framboise

紫キャベツ、りんご、
ソフトサラミのラズベリーソース
(作り方 p.50)

19

En salade

Salade de chou-fleur grillé et de saucisses

焼きカリフラワーのサラダ
ホットソーセージソース
(作り方 p.51)

20

En salade

Salade de champignons poêlés au corned-beef et œuf sur le plat

炒めきのことコンビーフのサラダ
目玉焼きのっけ
(作り方 p.51)

049

ズッキーニのカルパッチョ

生のズッキーニの食感、生ハムの塩け。
シンプル味で、素材の味をストレートに
楽しむレシピ。

材料(2人分)
ズッキーニ … 2本(300g)
生ハム … 60g
パルミジャーノ・レッジャーノ … 適量
レモン汁 … 小さじ1
オリーブ油 … 大さじ1
粗びき黒こしょう … 少々

❶ ズッキーニを切り、盛る
盛りつけ皿2枚の上にそれぞれにズッキーニをス
ライサーで薄く削りながらのせ、皿全体に広げる。
ひと皿に対して塩ひとつまみ(分量外)を全体にふ
り、指先でなじませ、5分ほどおいて出てきた水
けをペーパータオルで押さえて拭き取る。

❷ 仕上げ
①にレモン汁を半量ずつかけて全体になじませ、
生ハム、削ったチーズ、オリーブ油を半量ずつか
け、粗びき黒こしょうをふる。

紫キャベツ、りんご、ソフトサラミの ラズベリーソース

赤い素材で作る、華やかなサラダ。
甘くて、酸っぱいラズベリーソースが決め手。

材料(2人分)
紫キャベツ … 250g
りんご … 1個
ソフトサラミ … 80g
クリームチーズ … 60g
粗びき黒こしょう … 適量

[ソース]
ラズベリー＊… 5〜6個
赤ワインビネガー … 大さじ1
塩、こしょう … 各少々
サラダ油 … 大さじ2
＊ラズベリーを赤ワインビネガーに漬けておいたものを使うと
さらに風味豊か。赤ワインビネガーに漬けたラズベリーは、
冷蔵庫で10日ほど保存可。

❶ 野菜の下ごしらえ
紫キャベツは細切りにし、ボウルに入れる、塩大
さじ½ (分量外)をふって全体になじませ、軽くも
んで10分ほどおく。再度しっかりもんでしんな
りさせ、塩を洗い流し、しっかり絞る。りんごは
7mm角に切る。

❷ ソースを作る
ボウルにラズベリー、赤ワインビネガー、塩、こ
しょうを入れ、ラズベリーをくずしながらサー
バーの背でよく混ぜる。サラダ油を少しずつ加え
ながら混ぜ、とろりとしたソース状にする。

❸ あえて器に盛る
②に①、食べやすくちぎったソフトサラミを入れ
てあえ、器に盛る。クリームチーズをのせ、粗び
き黒こしょうをかける。

焼きカリフラワーのサラダ
ホットソーセージソース

蒸し焼きにして甘みを引き出したカリフラワーに、
炒めたソーセージのソースをかけるだけ。

材料（2人分）
カリフラワー … 250g

[ソース]
粗びきソーセージ（1cm幅に切る）… 150g
オリーブ油 … 大さじ1½
クミンシード … 小さじ½
塩、こしょう … 各少々
赤ワインビネガー … 大さじ1½

❶ 下ごしらえ
カリフラワーは7〜8mm厚さに切る。

❷ 焼く
フライパンにカリフラワーを並べ、中火にかける。
触らずそのまま軽く焼き色がつくまで2分ほど素
焼きにし、返して裏面も同様に焼き、器に盛る。

❸ ソースを作り、かける
②のフライパンにソーセージ、オリーブ油を入れ、
中火で2〜3分炒める。焼き色がついたらクミン
シード、塩、こしょうを加えてさっと混ぜ、赤ワ
インビネガーを加え、煮立ってきたら手早く②に
かける。フライパンに残ったソースもゴムべらな
どでぬぐってかける。

炒めきのことコンビーフのサラダ
目玉焼きのっけ

うまみをギューッと閉じ込めたきのこに
コンビーフのうまみがナイス。
目玉焼きをくずしながらどうぞ。

材料（2人分）
しいたけ、エリンギ、しめじ … 計400g
コンビーフ … 小1缶（80g）
卵 … 2個
サラダ油 … 適量
ミックスナッツ（刻む）、粗びき黒こしょう
　… 各適量

[ソース]
赤ワインビネガー … 小さじ2
塩 … ふたつまみ
こしょう … 少々
オリーブ油 … 大さじ1½
パセリ（みじん切り）… 大さじ1

❶ 下ごしらえ
きのこは石づきを落とし、しいたけ、エリンギは
8mm厚さに切り、しめじは粗めにほぐす。

❷ きのこを炒める
フライパンにサラダ油大さじ½を熱し、①を入れ
て焼き、ときどき返しながら8分ほどかけて炒め、
水分をある程度とばし、少し焼き色をつける。

❸ ソースを作る
大きめのボウルに赤ワインビネガー、塩、こしょ
うを入れ、サーバーの背でよく混ぜる。オリーブ
油を少しずつ加えながら混ぜ、パセリを混ぜる。

❸ あえて器に盛る
③に②を入れてあえ、器に盛り、コンビーフをの
せる。②のフライパンにサラダ油小さじ1を熱し
て目玉焼きを作ってのせ、ナッツ、粗びき黒こしょ
うをふる。

Part | 2
Au four

天板ひとつで
簡単オーブン焼き

オーブンの天板ひとつで作る料理です。
下味をつけて並べて焼くだけのものから、焼いた後に
パスタとからめるもの、ソースをかけて焼くものまで。
オーブンに入れたら、後はほったらかし！
オーブン焼きは見栄えがする料理が多いのも魅力です。

[野菜]

焼くとうまみが凝縮されるきのこ。
甘みが出てくる、かぼちゃや玉ねぎ、ミニトマト。
生とは違った味に変化するアボカドなど。

[たんぱく質]

焼くとパサつくので、脂のある部位がオーブン焼き向き。
鶏肉は全般OK、豚肉ならスペアリブや肩ロース肉を。
魚介は手軽なさけや塩さば、えびなど。

[炭水化物]

パンを添えたり、焼いた後にパスタとあえたり、
ご飯にかけたり。オーブン焼きしておいしいじゃがいもは、
使い勝手のいい炭水化物のひとつ。

「天板ひとつで簡単オーブン焼き」の基本の作り方

オーブン焼きはオーブンにまかせたら手が離れ、難しいワザもいらない
とても便利な調理法です。ポイントは「脂がほどよくある素材を使う」
「重ならないように材料を並べる」「オイルやソースをかけて焼く」の3つです。

Step 1

野菜の下ごしらえ

野菜を切り、種やワタ、筋があるものは取り除く。複数の野菜を合わせる場合は、焼き時間が同じものを組み合わせるのがコツ。肉や魚介と焼き時間が揃うように切り方を工夫する。

Step 2

たんぱく質の下ごしらえ

肉は下味をすり込み、味が染みにくいものはマリネする。切り身魚は塩をして5分ほどおいてから洗い、えびは片栗粉でもんで洗うなどして臭みをきちんと取り、下味をしっかりつける。

天板に並べる

オーブンの天板に材料をなるべく重ならないように並べ、こんがり焼きたい面、鶏もも肉なら皮目、野菜は切り口、を上にしてのせる。オーブンシートを敷いておくと、後始末がラク。

オーブンで焼く

材料を並べたら、香ばしさをつけると同時に食材を乾かさないよう、オイルやソースをかけて焼く。レモンやハーブなど香りづけの食材や、チーズやナッツを上にかけても。

1   Au four
Cuisses de poulet marinées au miel au four

鶏もも肉のはちみつビネガー焼き

皮目はパリッと香ばしく、中はふっくらのチキン。
一緒に焼いたいちじくをくずしてソースにして食べましょう。
フルーツは他に洋梨やぶどうでも。

材料（2人分）
鶏もも肉 … 小2枚（400g）
いちじく … 2個
まいたけ … 1パック（100g）
A
　塩 … 小さじ2/3
　こしょう … 少々
　はちみつ … 大さじ1/2
ローズマリー … 2本
オリーブ油 … 大さじ1
バルサミコ酢 … 大さじ1/2

❶ 具の下ごしらえ
鶏肉はAの塩、こしょうをすり込み、はちみつを加えてもみ込み、15分ほどおいて味をなじませる。いちじくは皮つきのまま縦半分に切る。まいたけは大きめにほぐす。

❷ 天板に並べる
オーブンの天板にオーブンシートを敷き、鶏肉を皮目を上にして並べ、ローズマリーをのせる。いちじくは切り口を上にして、空いたところにまいたけを並べ、全体にオリーブ油をかける。

❸ オーブンで焼く
200℃に予熱したオーブンで15～20分焼く。

❹ 仕上げ
鶏肉、いちじく、まいたけを器に盛る。天板に残った焼き汁大さじ1にバルサミコ酢を混ぜ、鶏肉にかける。

2 Ribs de porc marinées au thym et au citron cuites au four

Au four

スペアリブのレモンタイムマリネ焼き

スペアリブはレモンとタイムでさわやかな風味をつけると
豊富な脂がほどよいうまみに変わります。
焼いて甘みが凝縮された玉ねぎも美味！

材料(2人分)
スペアリブ … 4〜6本(600g)
紫玉ねぎ(またはサラダオニオン) … 2個
にんにく(皮つき) … 4かけ
A
　塩 … 小さじ1弱
　砂糖 … 小さじ1
　こしょう … 少々
　レモン(輪切り) … 2枚
　タイム … 3〜4本
　オリーブ油 … 大さじ1
オリーブ油 … 大さじ1

❶ 肉の下ごしらえ
スペアリブはAの塩、砂糖、こしょうをすり込み、レモン、タイムをのせ、オリーブ油をかけて全体になじませ、冷蔵庫で半日以上マリネにする。

❷ 野菜の下ごしらえ
紫玉ねぎは根元を切り落さずに、縦4等分に深い切り込みを入れる。

❸ 天板に並べる
オーブンの天板にオーブンシートを敷き、①のスペアリブ、②の紫玉ねぎを切り口を広げてのせ、にんにくをおく。全体にオリーブ油をかけ、マリネ液に入っていたレモンをスペアリブにのせる。

❹ オーブンで焼く
200℃に予熱したオーブンで30分焼く。

スペアリブは味が染み込みにくいので、
マリネして半日以上おいて
味をなじませる。

3 boulette de chair à saucisse et brocoli au four

Au four

サルシッチャとブロッコリーのチーズ焼き

噛みしめるごとに、肉のうまみとオレガノの風味が
口の中にフワ〜ッと広がる、イタリア生まれのソーセージ・サルシッチャ。
香ばしく焼けたブロッコリーとも相性バツグンです。

材料（2人分）
[サルシッチャ]
豚ひき肉 … 250g
塩 … 小さじ1/3
こしょう … 少々
ドライオレガノ … 小さじ1/2

ブロッコリー … 大1株（正味250g）
オリーブ油 … 大さじ1
パルミジャーノ・レッジャーノ（削る）… 20g

❶ サルシッチャを練る
ポリ袋にサルシッチャの材料を入れ、袋の上からしっかり混ぜ、ひき肉に粘りが出るまで、しっかり練る。

❷ 野菜の下ごしらえ
ブロッコリーは小房に分ける。熱湯に入れ、やわらかめにゆでる。

❸ 天板に並べる
オーブンの天板にオーブンシートを敷き、②のブロッコリーをおき、コップの底などで押して平らにつぶす。空いているところに①のサルシッチャを手でつまんで小さな一口大にしておく。全体にオリーブ油をかけ、パルミジャーノを削りかける。

❹ オーブンで焼く
200℃に予熱したオーブンで15〜20分焼く。

a _ サルシッチャは粘りが出るまで練るのがコツ。
　　ポリ袋に入れてもむとよい。
b _ ブロッコリーは平らにつぶしておくと、
　　全体がこんがりと焼ける。

4 Champignons shiitake farcis cuits au four
Au four

しいたけのひき肉詰め焼き

大きめのしいたけを見つけたら、ぜひ作ってほしい1皿です。
香ばしく焼けたしいたけのジューシーなうまみと
肉汁が一体となり、口の中においしさが溢れ出します。

Before

材料(2人分)
合いびき肉 … 300g
しいたけ … 大6個(200g)
A
　パン粉 … 大さじ4
　卵 … 1/2個
　牛乳 … 大さじ1
　粒マスタード … 大さじ1
　塩 … 小さじ1/3
　こしょう … 少々
小麦粉 … 適量
オリーブ油 … 小さじ2
クレソン … 適量

❶ 肉だねを作る
ボウルにAのパン粉、卵、牛乳を入れて混ぜ合わせ、残りのAと合いびき肉を加え、よく練り混ぜ、6等分にする。

❷ しいたけに肉だねを詰める
しいたけは軸を切り落とし、耐熱皿に内側を上にしてオーブンの天板に並べる(切り落とした軸は石づきを落としてみじん切りにし、肉だねに混ぜてもよい)。小麦粉を茶こしなどで薄くふり、①を軽く丸めながら詰める。

❸ オーブンで焼く
②にオリーブ油をかけ、200℃に予熱したオーブンで20分焼く。好みでクレソンなどを添える。

a_しいたけの内側にふった小麦粉が肉だねとの糊の役目をする。
b_肉だねを丸めながら、しいたけにしっかり詰める。

5 Cuisses de poulet et tomates cerises au four et pâtes au basilic
Au four

鶏肉とミニトマトのロースト　パスタ添え

ミニトマトを焼いて甘みとうまみをギューッと
凝縮させてセミドライトマトを作ります。
これをソースにし、パスタと鶏肉をいただきます。

材料（2人分）

鶏もも肉 … 大1枚（300g）
ミニトマト … 20〜25個
塩 … 小さじ1/3
こしょう … 少々
A
　にんにく（みじん切り）… 2かけ
　オリーブ油 … 大さじ3
ショートパスタ … 100g
バジル … 適量

❶ 肉と野菜の下ごしらえ
ミニトマトはへたを取り、横半分に切る。鶏肉は余分な脂を取り除いて6等分に切り、塩、こしょうをもみ込む。Aは混ぜる。

❷ 天板に並べる
オーブンの天板にオーブンシートを敷き、ミニトマトの切り口を上にして並べる。空いたところに鶏肉を並べ、Aを全体にかける。

❸ オーブンで焼く
200℃に予熱したオーブンで20分ほど焼く。

❹ パスタをゆでる
鍋に1Lの湯を沸かし、塩小さじ2（分量外）を入れ、パスタを袋の表示通りにゆで、汁けをきる。

❺ 仕上げ
器に④のパスタを敷き、③の鶏肉、ミニトマトをのせ、天板に残っているオイルをかけ、バジルを添える。

にんにくとオリーブ油を混ぜたガーリックオイルを全体にかけ、風味をつけると共に乾燥を防ぐ。

6 Porc grillé aux épices et légumes d'été à la semoule
Au four

豚肉と夏野菜のスパイス焼き
クスクス添え

複数のスパイスの香りが複雑にからみ合った
エキゾチックな味が魅力のクスクス。
ソースをオーブンまかせで作るこの方法なら気軽に作れます。

Before

材料（2人分）
豚肩ロース薄切り肉 … 200g
ゆでひよこ豆（缶詰など）… 1カップ（150g）
パプリカ … 1個（150g）
なす … 2本（160g）
塩、こしょう … 各少々
クスクス粉 … 1/2カップ
A
┃ 塩 … ひとつまみ
┃ 熱湯 … 1/2カップ
┃ オリーブ油 … 小さじ1
B
┃ クミンパウダー、コリアンダーパウダー、
┃ パプリカパウダー … 各小さじ2
┃ カイエンヌペッパー（好みで）… 少々
┃ 塩 … 小さじ1/2
┃ オリーブ油 … 大さじ2

❶ 下ごしらえ
パプリカはヘタと種を取り、なすと共に1.5cm角に切る。ひよこ豆はざるに入れて汁けをきり、水でさっとすすいで水けをきる。豚肉は大きければ半分に切り、塩、こしょう各少々をもみ込む。

❷ クスクスをもどす
耐熱ボウルにクスクス粉を入れ、Aの塩、熱湯を加えて軽く混ぜ、皿などで蓋をし、5分ほどおいてもどす。全体を混ぜてほぐし、オリーブ油を加えて混ぜる。

❸ 天板に並べる
オーブンの天板にオーブンシートを敷く。Bを入れてスプーンの背でよく混ぜ、①の野菜、ひよこ豆、豚肉を加えてさらによく混ぜて全体によくからめる。

❹ オーブンで焼く
200℃に予熱したオーブンで15分焼く。

❺ 仕上げ
④を再び混ぜ、器に盛ったクスクスにのせる。

下味を天板上で混ぜれば、
ボウルいらず。

7 Au four
Tartine de poulet et potiron aux épices

鶏肉とかぼちゃのスパイス焼き
タルティーヌ風

イメージしたのは、かぼちゃサラダのオープンサンド。
食べ応えを出したいから鶏肉をプラスし、
かぼちゃの自然な甘みをいかすため、スパイスを利かせます。

材料（2人分）
カンパーニュなどのパン … 2枚
鶏もも肉 … 1枚（250g）
かぼちゃ … 正味200g
玉ねぎ … ¼個（50g）
塩 … 小さじ¼
こしょう … 少々
A
　┃ シナモン、ナツメグ … 各少々
　┃ 塩、こしょう … 各少々
バター … 10g
粗びき黒こしょう … 適量

❶ 肉の下ごしらえ
鶏肉は余分な脂を取り除き、1.5cm〜2cmの角切りにし、塩、こしょうをもみ込む。

❷ 野菜の下ごしらえ
かぼちゃは種とワタをスプーンで取り除き、ラップでふんわりと包んで電子レンジで4〜5分加熱し、やわらかくする。玉ねぎは長さ半分に切り、薄切りにする。

❸ 天板に並べる
オーブンの天板にオーブンシートを敷き、②のかぼちゃをおき、スプーンで粗くつぶす。鶏肉、玉ねぎをのせ、Aを全体にかけ、バターをちぎって数カ所にのせる。

❹ オーブンで焼く
200℃に予熱したオーブンで15分焼く。

❺ 仕上げ
かぼちゃをつぶしながら全体を混ぜ、軽くトーストしたパンにのせ、粗びき黒こしょうをふる。

8 Au four
Hamburgers aux champignons et au fromage à la crème

クリームチーズ風味のきのこハンバーガー

ミートパテ、チーズ風味のきのこ、玉ねぎ、ポテト。
4つをオーブンの天板に並べて一度に焼き上げます。
練らずに作る肉感のあるパテに、酸味のあるチーズが好相性!!

Before

材料(2人分)
バンズ … 2個
合いびき肉 … 300g
じゃがいも … 小2個(200g)
マッシュルーム … 100g
クリームチーズ … 50g
玉ねぎ … 1cm厚さ2枚
塩 … 適量
こしょう … 少々
オリーブ油 … 大さじ2
バター、フレンチマスタード … 各適量
ルッコラ(好みで) … 適量
粗びき黒こしょう … 適量

❶ じゃがいもの下ごしらえ
じゃがいもは1個ずつラップで包み、電子レンジで2分加熱し、上下を返してさらに1分30秒加熱してやわらかくする。粗熱がとれたら皮つきのままそれぞれ4～6等分のくし形に切る。

❷ きのこの下ごしらえ
マッシュルームは石づきを落とし、5mm厚さに切る。オーブンシートを四角く切り、マッシュルームをおき、塩、こしょう各少々をふり、クリームチーズを3等分にしてのせる。オーブンシートの端を寄せてひねり、ケース状にする。

❸ パテの下ごしらえ
オーブンの天板にオーブンシートを敷き、ひき肉は2等分にし、手のひらでぎゅっと押さえて1cm厚さのハンバーグ形にし、両面に塩、こしょう各少々をふってのせる。

❹ 野菜を横に並べ、オーブンで焼く
❸の天板に❷をのせ、空いているところに❶、玉ねぎをのせる。マッシュルーム以外にオリーブ油、塩、こしょう各少々をかけ、200℃に予熱したオーブンで15分焼く。

❺ 仕上げ
バンズは横半分に切り、オーブントースターなどで軽く焼き、切り口に薄くバターを塗る。下半分のバンズにマスタードを塗って器におき、玉ねぎ、パテ、混ぜ合わせたマッシュルームとクリームチーズをのせ、上半分のバンズをのせる。じゃがいも、ルッコラを添える。粗びき黒こしょうをふる。

9 Au four
Crumble au blanc de poulet à la normande

鶏むね肉とりんごのクリームクランブル

鶏肉とりんご、生クリームのノルマンディー風の組み合わせ。
むね肉はオーブンで焼くとパサつきやすいですが、
クリームをかければ大丈夫。カリカリのクランブルがアクセントです。

材料（2人分）
鶏むね肉 … 1枚（250g）
りんご … ½個（150g）
マッシュルーム … 1パック（100g）
塩 … 小さじ⅓
こしょう … 少々
生クリーム（乳脂肪分30％以上）… 大さじ3

[クランブル]
小麦粉 … 40g
塩 … ふたつまみ
バター（かたいもの、角切り）… 20g
牛乳 … 大さじ½

❶ クランブルを作る
ボウルに小麦粉、塩を入れ、バターを加え、指先ですりつぶすように混ぜ、そぼろ状にする。牛乳を加え、全体に行き渡るように混ぜ、しっかりしたそぼろ状にする。使用するまで冷蔵庫に入れる。

❷ 具の下ごしらえ
りんごは縦半分に切り、1cm厚さのいちょう切りにする。マッシュルームは石づきを落とし、縦半分に切る。鶏肉はそぎ切りにし、塩、こしょうをもみ込む。

❸ 天板に並べる
オーブンシートを正方形に切り、2枚用意する。それぞれ端をひねって舟形にし、②の鶏肉、マッシュルーム、りんごを均一に広げる。全体に生クリームをかけ、①のクランブルをのせる。

❹ オーブンで焼く
200℃に予熱したオーブンでクランブルに焼き色がつくまで20分焼く。

a _ クランブルは指先ですりつぶして、そぼろ状にする。牛乳を加えたら、全体にからめるだけ。
b _ オーブンシートを器にして具を入れ、上にクランブルをのせる。

10 Au four
Porc et légumes d'été au curry

豚肉と夏野菜のオーブン焼き
インディアンスタイル

煮込まなくても作れるカレーがコンセプト。
上にのせたトマトの水分で肉や野菜を包み込みながら
焼き上げるとパサつかず、鍋で煮たときのような味わいに。

Before

材料(2人分)
雑穀ご飯…茶碗2杯分
豚肩ロース肉(焼き肉用)…6枚(200g)
トマト…2個(300g)
玉ねぎ…½個(100g)
オクラ…6本
塩、こしょう…各少々
A
　おろししょうが…小さじ1
　おろしにんにく…小さじ½
　カレー粉…大さじ1
　塩…小さじ½
　こしょう…少々
　オリーブ油…大さじ2
レーズン、素焼きカシューナッツ…各適量

❶ 具の下ごしらえ
トマトは一口大に切り、玉ねぎは薄切りにする。オクラは塩少々(分量外)で表面をこすってうぶ毛を取り、ガクを取り除く。豚肉は食べやすく切り、塩、こしょう各少々をもみ込む。

❷ 天板に並べる
オーブンの天板にオーブンシートを敷く。Aを入れてスプーンの背でよく混ぜ、豚肉、玉ねぎ、オクラを加えてさらによく混ぜて全体によくからめ、トマトを全体に散らす。

❸ オーブンで焼く
200℃に予熱したオーブンで20分焼く。

❹ 仕上げ
③を再び混ぜ、器に盛った雑穀ご飯にかけ、レーズンと刻んだカシューナッツをトッピングする。

11 Au four
Galette de pommes de terre et saumon au four

さけとじゃがいものガレット焼き

メインとつけ合わせをオーブンで一度に完成させます。
じゃがいもは、ちょっと手間でもせん切りにして重ねたら、
味わいがひと味もふた味も違います。レモンをキュッと絞って！

材料（2人分）
生ざけ … 2切れ（200g）
じゃがいも … 2個（300g）
アボカド … 1個
塩、こしょう … 各適量
オリーブ油、レモン、粗びき黒こしょう … 各適量
ディル … 適量

❶ 魚の下ごしらえ
さけは塩小さじ½をすり込んで5分ほどおき、さっと洗って水けをペーパータオルで拭き、こしょうをふる。

❷ 野菜の下ごしらえ
じゃがいもはせん切りスライサーで切り、塩小さじ¼、こしょう少々をふり、軽く混ぜる。アボカドは皮つきのまま縦半分に切り、種を取る。

❸ 天板に並べる
オーブンの天板にオーブンシートを敷き、オリーブ油適量を敷き、じゃがいもを半量ずつ、厚さ1.5cmくらいの丸形に広げ、手のひらで軽くおさえる。空いているところにさけ（長い場合は細い部分を折り込む）、アボカドをのせる。全体にオリーブ油大さじ2をかける。

❹ オーブンで焼く
200℃に予熱したオーブンで15分焼く。

❺ 仕上げ
器にじゃがいもをおき、その上にさけをのせ、ディルを飾る。アボカド、レモンを添え、粗びき黒こしょうをふる。

12 — Au four
Maquereau salé, courgettes et tomates au four

塩さばとズッキーニとトマトのオーブン焼き

塩さばなら、下処理も下味もなしですむので手軽です。
一度目は素焼き、二度目はバジルペーストと松の実をのせて。
トマトをソースにしたり、パンにのせたり……、自由に召し上がれ。

↓15分後

材料（2人分）
塩さば … 小2枚（300g）
ズッキーニ … 1本（150g）
ミニトマト（あれば枝つき）… 10個
バジルペースト（市販）… 大さじ2
松の実 … 大さじ3

❶ 下ごしらえ
ズッキーニは長さ半分に切り、縦半分に切る。

❷ 天板に並べる
オーブンの天板にオーブンシートを敷き、塩さばを皮目を上にしてのせ、ズッキーニは切り口を上にしておき、ミニトマトを並べる。

❸ オーブンで焼く
200℃に予熱したオーブンで15分焼く。取り出してさばにバジルペーストを塗り、さばとズッキーニに松の実をかけ、再び200℃で3～5分、松の実に軽く焼き色がつくまで焼く。

13 Au four
Spaghetti aux sardines et au céleri

いわしのセロリ風味パスタ

シチリアでおなじみの組み合わせ、
いわしとフェンネルの代わりに、香りの近いセロリを使って。
レモンを利かせたら、さわやかなパスタが完成しました。

Before

材料（2人分）
スパゲッティーニ … 150g
いわし（3枚下ろしにしたもの）
　… 4尾分（正味120g）
セロリ … 大1本（150g）
にんにく（みじん切り）… 1かけ
塩 … 適量
こしょう … 少々
オリーブ油 … 大さじ3
レモン汁 … 小さじ1
レモンの皮（細切り）… 適量

❶ 具の下ごしらえ
いわしは骨を取り除き、身側に塩3つまみをふり、5分ほどおいて出てきた水分をペーパータオルで拭く。セロリは葉も一緒に横に極細く切る。

❷ 天板に並べる
オーブンの天板にオーブンシートを敷き、オリーブ油適量（分量外）を薄く広げ、いわしを身側を上にして並べる。にんにくを散らしてこしょうをふり、セロリを全体にのせ、オリーブ油をかける。

❸ オーブンで焼く
200℃に予熱したオーブンで20分焼く。

❹ パスタをゆでる
鍋に1.5Lの湯を沸かし、塩大さじ1を入れ、スパゲッティーニを袋の表示通りにゆで、汁けをきる。

❺ 仕上げ
大きめのボウルに③をオリーブ油ごと入れ、いわしを粗くほぐす。レモン汁、④のパスタを加え、しっかり混ぜる。器に盛り、レモンの皮を散らす。

14 Au four
Salade chaude de crevettes, champignons et croûtons au beurre d'escargot

えびとマッシュルームとパンのエスカルゴバター焼き

食欲をそそる、にんにくとバターの香り。
そこにくるみが加わった香ばしいバターをまとわせたら、
魚介もきのこももりもり食べられること間違いなしです。

材料（2人分）
えび … 大10尾（200g）
マッシュルーム … 100g
フランスパン … 15cm

[エスカルゴバター]
バター … 50g
にんにく（みじん切り）… 2かけ
パセリ（みじん切り）… 大さじ2
くるみ（みじん切り）… 大さじ1
塩、こしょう … 各少々

準備
・バターはやわらかくする。

❶ えびの下ごしらえ
えびは背ワタ、殻、尾を取り、片栗粉大さじ½、水少々（各分量外）と共にボウルに入れ、もみ洗いする。表面がグレーになったら水洗いし、水けをきってペーパータオルで拭く。

❷ 野菜の下ごしらえ
マッシュルームは石づきを落とし、大きければ半分に切る。フランスパンはマッシュルームより一回り大きめに切る。エスカルゴバターの材料は混ぜ合わせる。

❸ 耐熱皿に入れ、オーブンで焼く
耐熱皿に①のえび、②の野菜、フランスパンを均一に並べ、エスカルゴバターをところどころにのせる。200℃に予熱したオーブンで、軽く焼き色がつき、えびに火が通るまで10〜12分焼く。

＊焼きすぎるとえびがかたくなるので注意。

083

15 Au four
Cabillaud et chou-fleur au gratin dauphinois

たらとカリフラワーのドフィノア風

じゃがいもの代わりにカリフラワーを使ったら、
いつもよりもさらりと軽い仕上がりのグラタンになりました。
ソースの中で蒸されたたらはふっくら！

材料（容量250mL 高さ3cmの耐熱皿2個分）
たら … 2切れ（200g）
カリフラワー … 200g
にんにく … 適量
小麦粉 … 大さじ1
生クリーム（乳脂肪分30％以上） … 1カップ
牛乳 … ½カップ
塩 … 小さじ¼
こしょう … 適量

❶ **下ごしらえ**
たらは塩小さじ½（分量外）をすり込んで5分ほどおき、さっと洗って水けをペーパータオルで拭き、骨を取って（皮は好みでそのままでも）それぞれ3〜4等分に切る。カリフラワーは5mm厚さに切る。耐熱皿ににんにくの切り口をこすりつける。

❷ **カリフラワーを煮る**
鍋にカリフラワーを入れ、小麦粉を全体にまぶす。生クリーム、牛乳を入れて中火にかけ、ときどき混ぜながら煮て、煮立ったら弱火で3分ほど煮て、塩、こしょう少々で調味する。

❸ **耐熱皿に入れ、オーブンで焼く**
①の耐熱皿にたらを入れ、こしょう少々をふり、②を注ぐ。200℃に予熱したオーブンで20分焼く。

生のたらを耐熱皿に並べ、
その上にソースをかけたら焼くだけ。

16 Au four
Flan aux épinards et au saumon

ほうれん草とさけのフラン

フランは例えるなら、フランスの茶碗蒸し。
生クリーム入りの卵液で具材を焼きかためて作ります。
具には、さけとほうれん草のゴールデンコンビを。

材料（容量350mℓ 高さ3cmのグラタン皿2個分）
生ざけ（またはサーモン）… 2切れ（200g）
ほうれん草 … 1束（200g）
玉ねぎ … 1/4個（50g）
塩、こしょう … 各適量
サラダ油 … 小さじ1
とけるチーズ … 50g
A
| 卵 … 2個
| 牛乳 … 1/2カップ
| 生クリーム（乳脂肪分30％以上）… 1/2カップ
| 塩 … 小さじ1/4
| こしょう … 少々

❶ 魚の下ごしらえ
さけは塩小さじ1/2（分量外）をすり込んで5分ほどおき、さっと洗って水けをペーパータオルで拭く。骨を取り除き、食べやすい大きさに切ってこしょう少々をふる。

❷ 野菜の下ごしらえ
ほうれん草は熱湯でさっとゆでて水にとり、水けをぎゅっと絞り、2cm幅に切る。玉ねぎはみじん切りにする。フライパンにサラダ油を熱し、玉ねぎ、ほうれん草を入れてしんなりするまで炒め、塩、こしょう各少々で調味する。

❸ アパレイユを作り、注ぐ
耐熱皿に②、①、チーズを入れ、均一になるように混ぜる。Aを混ぜ合わせたものを加える。

❹ オーブンで焼く
160℃に予熱したオーブンで30分を目安に焼く。

17 Au four
Tartelette aux fruits de mer
シーフードのパイ（作り方 p.90）

18 Tartelette à l'oignon
Au four

玉ねぎのパイ 生ハム添え （作り方 p.91）

シーフードのパイ

アップサイドダウンケーキの手法で作る、サクサクパイ。
散らしたクリームチーズがソースのような役目をします。
魚介と相性のいいディルの香りがふわ〜っと口中に広がります。

材料(2人分)
冷凍パイシート … 20cm角1枚
シーフード(えび、サーモン、白身魚など)
　… 150g
クリームチーズ … 50g
ディル … 3〜4本
塩、こしょう … 各少々
オリーブ油 … 小さじ1
ベビーリーフなどの葉野菜 … 適量

❶ 具の下ごしらえ
シーフードは食べやすく切り、塩、こしょうをふって5分ほどおき、出てきた水分をペーパータオルで拭く。パイシートは半分に切り、長方形2枚にする。

❷ 天板に並べる
オーブンの天板にオーブンシートを敷き、17cm×8cmを目安に2箇所にオリーブ油を小さじ½ずつ広げる。その上にディルをのせ、①のシーフードをまんべんなくおき、隙間にクリームチーズをちぎってのせる。パイシートをかぶせ、中身が出ないように周りをしっかり押さえる。

❸ オーブンで焼く
200℃に予熱したオーブンでこんがり焼き色がつくまで25分焼く。

❹ 仕上げ
取り出しやすくするためにオーブンシートごとハサミで2つに切る。フライ返しなどでオーブンシートごと取り出し、パイの面を下にして器にのせ、オーブンシートをはがす。ベビーリーフを添える。

長方形にシーフードを並べ、
ところどころにクリームチーズをのせ、
パイをかぶせる。

玉ねぎのパイ 生ハム添え

サクサクのパイとしっとり甘い玉ねぎの
コントラストがおいしいレシピです。そこに
生ハムの塩け、フレッシュ野菜がアクセントを添えます。

材料(2人分)
冷凍パイシート … 20cm角1枚
玉ねぎ … 2cm厚さの輪切り4枚
砂糖 … 小さじ1
タイム … 4枝
オリーブ油 … 大さじ½
つぶ塩 … 少々
生ハム … 40g
ルッコラ、ラディッシュなど … 適量

❶ **具の下ごしらえ**
パイシートは十字に切り、正方形4枚にする。

❷ **天板に並べる**
オーブンの天板にオーブンシートを敷き、玉ねぎよりも少し小さめに砂糖を広げ、タイム、玉ねぎを順にのせる。パイシートをかぶせ、中身が出ないように周りをしっかり押さえる。計4つ作る。

❸ **オーブンで焼く**
200℃に予熱したオーブンで10分焼き、取り出す。膨らんだパイを乾いた布巾などで押さえて軽くつぶし、さらに200℃で10分焼く。再び取り出し、フライ返しなどでパイを返し、玉ねぎにオリーブ油をまんべんなくかけ、200℃で3〜5分、軽く焼き色がつくまで焼く。

❹ **仕上げ**
器に③を盛り、つぶ塩をかけ、生ハム、ルッコラやラディッシュを添える。

a _ 玉ねぎの下に砂糖、タイムをおく。砂糖は焦げ色をつけるため。
b _ パイシートに玉ねぎをのせて焼くと、玉ねぎの水分でパイが
　　パリッと焼けないため、玉ねぎを下にしてパイシートをかぶせる。

Part | 3
À la cocotte

鍋ひとつで たっぷりスープ煮

野菜も肉（ときには魚介）も鍋に入れて煮るスープです。
煮る時間は 10 〜 15 分。コトコト長く煮なくても、
いえコトコト煮ないからこそおいしいスープがあるのです。
多めに作り、次の日に形を変えて
楽しむスープもご紹介しています。

[野菜]
煮るとクタクタな食感がおいしいかぶやキャベツ、
酸味とうまみが出るトマト、ミルポアといわれる
スープに欠かせない玉ねぎ、にんじん、セロリなど。

[たんぱく質]
スープにだしが出るあさりなどの貝類、
えびなどの魚介類。肉はやはりうまみが出る
骨付き肉や短時間煮てふっくら感を楽しむ鶏肉など。

[炭水化物]
豊富ないんげん豆系の豆や、押し麦、
スパゲッティーニなどすぐに煮える炭水化物。
スープをかけてもおいしいクスクスやご飯、じゃがいもなど。

「鍋ひとつでたっぷりスープ煮」の基本の作り方

ひとつの鍋だけで作る、スープ煮やスープです。
短時間に作るには、素材選びも重要。
「さっと煮ておいしい素材を使う」「下味をしっかりつける」がおいしく作るコツです。

Step 1

野菜の下ごしらえ

野菜のサイズはどんな仕上がりにしたいか？をイメージして切るとよい。例えば、同じ長ねぎでも具材として食べるならぶつ切り、味出しに使うなら薄めの小口切りというように。

Step 2

たんぱく質の下ごしらえ

肉はしっかり下味をつけ、魚介は臭みを抜いて下味をつける。この後、スープに味をつけるが、素材にも下味をつけておくことで素材自体がおいしくなり、スープにも味が出やすくなる。

Step 3

Step 4

炒める

野菜、肉や魚介は煮る前に表面を焼きつけ、香ばしさをつける。スープにコクをつけるときはこんがり、白っぽい仕上がりのときは茶色く色づけないように。炒めずに野菜を蒸し煮にするスープもある。

水分を加え、煮る

短時間でおいしいスープを作るには、鶏肉を中心に、牛肉は薄切り肉、豚肉なら比較的早く煮える部位を使うのがコツ。スープ煮の場合は、少なめの水分を加えて蓋をして蒸し煮にし、食材のうまみをスープに引き出す。

1 À la cocotte
Soupe de cuisse de poulet et haricots blancs

鶏肉と白いんげん豆のスープ煮

白い見た目通り、やさしい味わいです。
素材のうまみをギューッと吸い込んだいんげん豆はホクホク。
少し煮くずれてとろりとした感じもたまりません。

材料(2人分)
鶏もも肉 … 大1枚(300g)
ゆで白いんげん豆(缶詰など) … 1カップ(150g)
長ねぎ … 2本(200g)
にんにく(粗みじん切り) … 1かけ
塩、こしょう … 各適量
サラダ油 … 小さじ1
白ワイン … 1/3カップ
水 … 1 1/2カップ
バター … 10g

❶ 具の下ごしらえ
長ねぎは2cm幅に切る。鶏肉は余分な脂を取り除いて4等分に切り、塩小さじ1/3、こしょう少々をすり込む。

❷ 炒める
鍋にサラダ油を熱し、にんにく、①の鶏肉、長ねぎを入れ、焦がさないように中火で炒める。肉の表面の色が変わったら白ワインを加え、しっかり煮立ててワインが半量になるまで煮詰める。

❸ 煮る
分量の水のうち1/2カップを入れて蓋をし、煮立ったら弱めの中火で5分ほど蒸し煮にする。さらに残りの水1カップを加え、白いんげん豆を加え、再び煮立ったら弱火で10分煮る。仕上げにバターを加え、塩、こしょうで味を調える。

2 Soupe de betterave à l'émincé de bœuf
À la cocotte

牛肉とビーツのスープ

目の覚めるような赤が美しいビーツは、
カリウムや鉄分、ポリフェノールが豊富な健康野菜です。
香ばしく焼いた牛肉と合わせ、ボルシチ風に。

材料（2人分）
牛薄切り肉 … 150g
ビーツ … 100g
キャベツ … 100g
玉ねぎ … 1/2個（100g）
にんにく（薄切り）… 小1かけ
塩、こしょう … 各適量
サラダ油 … 大さじ1 1/2
水 … 3カップ
レモン汁 … 小さじ1
生クリーム … 大さじ2

❶ 具の下ごしらえ
キャベツは7mm幅の細切り、玉ねぎは薄切りにする。ビーツは皮をむいてせん切りスライサーなど細切りにする。牛肉は食べやすく切り、塩、こしょう各少々をすり込む。

❷ 肉を焼く
鍋にサラダ油大さじ1/2を入れて強めの中火で熱し、十分に熱くなったら牛肉を広げてしばらく触らずに焼き、軽く焼き色がついたら返し、もう片面にも焼き色をつけ、取り出す。

❸ 野菜を炒める
②の鍋にサラダ油大さじ1、玉ねぎ、にんにくを入れ、弱めの中火で3分ほど炒める。

❹ 煮る
野菜がしんなりしたら分量の水、塩小さじ1/2、ビーツ、キャベツを加え、煮立ったら弱火にし、蓋を軽くずらしてのせ、野菜がやわらかくなるまで10分ほど煮る。②の牛肉を戻し入れ、煮立ったらアクを取り、1〜2分煮て塩、こしょう、レモン汁で味を調える。煮詰まって水分が少ない場合は、水適量を足す。

❺ 仕上げ
器に盛り、生クリームをかける。
＊レモンと生クリームの代わりに、仕上げにサワークリームをかけても。

a _ ビーツは煮えるのに時間がかかるので、細切りにする。スライサーを使えば簡単。
b _ 牛肉は強火で焼いて香ばしい焼き色をつける。

3 Agneau au curry
À la cocotte

ラムのカレー煮

個性的で濃厚なうまみのあるラム肉は
ときどき無性に食べたくなる素材です。
スパイスや薬味をたっぷり合わせ、パンチを利かせて。

材料(2人分)
ラム薄切り肉 … 200g
玉ねぎ … ½個(100g)
ズッキーニ … 1本
トマト … 2個
にんにく(みじん切り) … 1かけ
しょうが(みじん切り) … 大さじ1
塩、こしょう … 各適量
オリーブ油 … 大さじ1
クミンシード … 小さじ½
カレー粉 … 大さじ½
水 … ½カップ
ご飯 … 茶碗2杯分

❶ 具の下ごしらえ
玉ねぎは薄切り、ズッキーニは1cm幅の輪切り、トマトは2cm角に切る。ラム肉は食べやすく切り、塩小さじ¼、こしょう少々をすり込む。

❷ 炒める
フライパンにオリーブ油、クミンシード、にんにく、しょうがを入れて中火で炒める。香りが出てきたらラム肉を入れ、ほぐすように1分ほど炒める。肉を端に寄せ、玉ねぎを加えて炒め、しんなりしてきたらズッキーニ、トマト、カレー粉、塩小さじ½、こしょう少々を加えて混ぜる。

❸ 煮る
分量の水を加え、煮立ったら蓋をして弱火で15分煮る。蓋を取り、中火で軽く煮詰め、塩、こしょうで味を調える。

❹ 仕上げ
器にご飯を盛り、③をかける。

クミンシード、にんにく、しょうがを炒めて香りを引き出す。

4 À la cocotte
Cuisses de poulet braisées au vin blanc et à l'ail

鶏肉の白ワイン煮 にんにく風味

焼きつけてから白ワインで煮た鶏肉はふっくら！
その白ワインが煮詰まり、おいしいソースに早変わり。
ソースで小松菜も煮れば、栄養満点のひと皿が完成です。

材料（2人分）
鶏もも肉 … 大1枚（300g）
小松菜 … 1束（200g）
にんにく（叩いてつぶす）… 3かけ
塩、こしょう … 各適量
オリーブ油 … 大さじ2
白ワイン … ½カップ

❶ 具の下ごしらえ
小松菜は5cm長さに切る。鶏肉は余分な脂を取り除いて半分に切り、塩小さじ⅓、こしょう少々をすり込む。

❷ 焼く
フライパンにオリーブ油、にんにくを入れて弱めの中火で炒め、香りが出てにんにくに薄く焼き色がついたら端に寄せ、鶏肉を皮目を下にして入れる。焼き色がついたら返し、もう片面も軽く焼き色をつける。

❸ 煮る
白ワインを加え、煮立ったら蓋をして弱火で20分ほど煮て、肉を器に盛る。

❹ 小松菜を煮る
③のフライパンに小松菜を入れ、混ぜながらクタッとなるまで2〜3分煮る。③の器に添え、フライパン中のソースをかける。

鶏肉に焼き色がついたら
白ワインを加え、
蓋をして煮てしっかり風味をつける。

5　À la cocotte
Tajine de poulet aux pruneaux

手羽元と玉ねぎとプルーンのタジン （作り方 p.106）

À la cocotte
6 Soupe de poissons et fruits de mer
魚介のスープ （作り方 p.107）

手羽元と玉ねぎとプルーンのタジン

だしの出る骨つき肉を使うのがポイントです。
プルーンをスパイスと合わせることで
コクと甘み酸味などが出て味わいが複雑になります。

材料(2人分)
手羽元 … 6本
玉ねぎ … 1個(200g)
プルーン … 8個
にんにく(みじん切り) … 1かけ
クスクス粉 … ½カップ
塩、こしょう … 各適量
A
| 塩 … ひとつまみ
| 熱湯 … ½カップ
| オリーブ油 … 小さじ1
オリーブ油 … 大さじ2
B
| しょうが(すりおろし) … 大さじ½
| シナモンパウダー … 少々
| コリアンダーパウダー … 小さじ1
| クミンパウダー … 小さじ½
| カイエンヌペッパー … 少々
水 … 1½カップ
ミントの葉 … 適量

❶ 具の下ごしらえ
玉ねぎは薄切りにする。手羽元は塩小さじ½、こしょう少々をすり込む。

❷ クスクスをもどす
耐熱ボウルにクスクス粉を入れ、Aの塩、熱湯を加えて軽く混ぜ、皿などで蓋をし、5分ほどおいてもどす。全体を混ぜてほぐし、オリーブ油を加えて混ぜる。

❸ 炒める
フライパンにオリーブ油大さじ1を熱し、手羽元を並べ、ときどき返しながら中火で焼く。こんがり焼き色がついたら端に寄せ、オリーブ油大さじ1を足し、玉ねぎ、にんにくを加えて炒め、少し色づいたらBを加え、さっと混ぜる。

❹ 煮る
分量の水、プルーンを入れ、煮立ったら蓋をして弱めの中火で20〜30分煮る。手羽元がやわらかくなったら蓋を取って中火で軽く煮詰め、塩、こしょうで味を調える。

❺ 仕上げ
器に②のクスクスを盛り、④をかけ、ミントの葉を散らす。

粉末スパイスは香りがとばないように、具材を炒めてから加える。

魚介のスープ

魚介のうまみが詰まったスープです。
本来は魚のアラを使いますが、ここではさば缶で代用。
身をしっかり炒めて臭みを取り、缶汁も残さず加えます。

材料(2人分)
たい＊…2切れ
はまぐり(砂出し済)＊…小4個
さば水煮缶…1缶(170g)
じゃがいも(メークイン)…1個(150g)
A
　玉ねぎ(みじん切り)…¼個(50g)
　セロリ(みじん切り)…50g
　にんにく(みじん切り)…1かけ
塩、こしょう…各適量
オリーブ油…大さじ2
トマトジュース、水…各250mL
カイエンヌペッパー…少々
フランスパンの薄切りのトースト…適量
＊魚介は好みのものでOK。

[アイオリソース]
にんにく(すりおろし)…少々
マヨネーズ…大さじ1½
オリーブ油…大さじ½

❶ **具の下ごしらえ**
たいは塩小さじ½をすり込んで5分ほどおき、さっと洗って水けをペーパータオルで拭き、半分に切ってこしょう少々をふる。さば缶は缶汁をきり、缶汁もとっておく。じゃがいもは1cm厚さに切る。

❷ **アイオリソースを作る**
にんにく、マヨネーズを混ぜ、オリーブ油を少しずつ加え、なめらかになるまでよく混ぜる。

❸ **炒める**
鍋にオリーブ油、Aを入れ、中火で焦がさないように炒める。3分ほどしたらさば缶の身を加え、身をくずすようにへらでほぐし、鍋底に少し焼き色がつくまで炒める。

❹ **煮る**
さばの缶汁を入れ、煮立ったらトマトジュース、分量の水、カイエンヌペッパー、じゃがいもを加え、再び煮立ったらアクを取り、じゃがいもがやわらかくなるまで8分ほど煮て、塩、こしょうで調味。たい、はまぐりを加え、はまぐりの口が開くまで煮る。②とトーストしたパンを添える。

a _ さば缶の身は底にこびりつくくらいまでしっかり炒め、独特の臭いを消す。
b _ 缶汁にもうまみがたっぷり。残さず加えてスープに利用する。

7 Palourdes et porc à l'alentajana
À la cocotte

あさりと豚肉のスープ煮

噛みしめるごとにうまみがじわ〜っと広がる豚肉。
ホクホクと香ばしいじゃがいももさることながら、
素材のだしが染み出たスープのおいしいこと！

材料（2人分）
豚肩ロース肉（ステーキ用）…2枚（200g）
あさり（砂出し済）…150g
じゃがいも…大1個（200g）
トマト…1個（150g）
玉ねぎ…½個（100g）
にんにく（みじん切り）…1かけ
A
　塩…小さじ⅓
　こしょう…少々
　パプリカパウダー…小さじ1
オリーブ油…大さじ4
白ワイン…⅓カップ
水…½カップ
塩、こしょう…各適量
パセリ（みじん切り）…大さじ½

❶ 具の下ごしらえ
豚肉は1枚を4等分に切ってボウルに入れ、Aをふってよくもみ混ぜ、30分以上おく。じゃがいもは1cm厚さのいちょう切りにする。トマトはざく切りにする。玉ねぎはみじん切りにする。

❷ じゃがいもを揚げ焼きにする
フライパンにオリーブ油を熱し、じゃがいもを入れて軽く焼き色がついて火が通るまで揚げ焼きにし、取り出す。

❸ 炒める
②のフライパンを熱し、豚肉を入れて中火でこんがり焼く。肉を端に寄せ、玉ねぎ、にんにくを入れて炒め、しんなりしたら白ワインを加え、白ワインが半量になるまで煮詰めてアルコールを煮とばし、トマトを加えてさっと炒める。

❹ 蒸し煮にする
分量の水、あさり、②のじゃがいもを加え、蓋をして5分ほど蒸し煮にする。蓋を取り、煮汁を軽く煮詰め、塩、こしょうで味を調える。器に盛り、パセリをふる。

a_じゃがいもは多めの油で揚げ焼きにし、コクをつけるとともに煮くずれを防止。
b_豚肉はこんがりと焼き色がつくまで炒め、うまみを閉じ込める。

8 Cotriade bretonne
À la cocotte

コトリアード

ブルターニュ地方の「白いブイヤベース」といわれるスープ。
2種のねぎとセロリをしっかり炒めて甘みを引き出し、
魚介は最後に加えてさらりと煮て作ります。

材料(2人分)
たら … 1きれ(100g)
えび … 大4尾
ムール貝 … 6個(100g)
かぶ … 1〜2個(120g)
玉ねぎ … 1/3個(70g)
長ねぎ … 1本(100g)
セロリ … 1/2本(50g)
塩、こしょう … 各適量
サラダ油 … 小さじ1
白ワイン … 1/2カップ
水 … 2カップ
ローリエ … 1枚
生クリーム(乳脂肪分30%以上) … 1/2カップ
パセリ(みじん切り) … 適量

❶ 具の下ごしらえ
たらは塩小さじ1/4をすり込んで5分ほどおき、さっと洗って水けをペーパータオルで拭き、半分に切る。えびは背ワタ、殻、尾を取り、片栗粉大さじ1/2、水少々(各分量外)と共にボウルに入れ、もみ洗いする。表面がグレーになったら水洗いし、水けをきってペーパータオルで拭く。かぶは2cm角に切る。玉ねぎ、長ねぎ、セロリは薄切りにする。

❷ 蒸し煮にする
鍋にサラダ油を熱し、玉ねぎ、長ねぎ、セロリ、水1/3カップ(分量外)を入れ、蓋をして中火にかけ、煮立ったら5分ほど蒸し煮にする。白ワインを加え、半量になるまで煮詰める。

❸ 煮る
分量の水、ローリエ、かぶを加え、煮立ったら弱火で5分煮る。かぶがやわらかくなったら生クリームを加え、煮立ったら魚介を入れ、弱めの中火で3分ほど煮る。魚介に火が通ったら塩、こしょうで味を調える。器に盛り、パセリをふる。

a _ 薬味野菜は少ない水分で蒸し煮にし、甘みを引き出す。
b _ 白ワインは半量になるまで煮詰め、味を凝縮させてソースにする。

9 Acquacotta
À la cocotte

アクアコッタ

かたくなったパンをおいしく食べるためのレシピです。
野菜やベーコンのうまみを吸い込んだパンはくたくたにくずれ、
とろりと口の中でとろけます。

材料（2人分）
パン（カンパーニュなど）… 2切れ（60g）
ベーコン（ブロック）… 80g
キャベツ … 100g
トマト … 小1個（100g）
玉ねぎ … 1個（200g）
セロリ … 1本（100g）
にんにく … 1かけ
卵 … 2個
オリーブ油 … 大さじ2
水 … 2カップ
塩 … 小さじ½
こしょう … 少々
粗びき黒こしょう … 適量

❶ 具の下ごしらえ
キャベツ、トマトはざく切りにする。玉ねぎ、セロリ、にんにくは薄切りにする。ベーコンは棒状に切る。

❷ 炒める
鍋にオリーブ油、にんにく、玉ねぎ、セロリ、水½カップ（分量外）を入れ、蓋をして中火にかける。煮立ったら5分ほど蒸し煮にする。蓋を取って水分を飛ばし、しんなりして甘みが出るまで炒め、トマト、キャベツを加え、さっと炒める。

❸ 煮る
分量の水を加え、蓋をして弱火で15分煮る。ベーコンを入れ、パンをちぎりながら加え、さらに5分煮て全体を混ぜ、塩、こしょうで味を調える。

❹ 卵を落とす
卵を割り落とし、半熟くらいに固まったら火を止める。仕上げに粗びき黒こしょうをふる。

パンをちぎって加える。
ちぎったほうが煮えやすく、
味が染み込みやすい。

10 À la cocotte
Aiguillette de poulet et légumes pochés à la sauge

ゆでささ身とゆで野菜のセージバターソース

セージが薫るバターをかけたら、
ゆでただけのささ身とかぶがちょっとシャレたワンディッシュに。
同じ湯でパスタもゆで、ひと鍋で完成させます。

材料(2人分)
鶏ささ身 … 4〜5本(250g)
かぶ … 2個(300g)
パスタ(フェットチーネなど) … 100g

[ソース]
セージ … 8枚
バター … 20g
塩、こしょう … 各少々

❶ **具の下ごしらえ**
かぶは茎を少し残して葉を落とし、8等分のくし形に切る。ソースのセージは刻む。ささ身は筋を取り、1本を3等分に切る。

❷ **パスタをゆでる**
鍋に湯1.5Lを沸かして塩大さじ1(分量外)を入れ、パスタを袋の表示通りにゆで、パスタをざるに取り出し、湯をきる。ゆで汁は鍋にとっておく。

❸ **かぶ、ささ身をゆでる**
②の鍋を再び火にかけ、煮立ったらかぶ、ささ身を入れ、3分をほどゆで、ざるに上げてしっかり湯をきる。

❹ **盛る**
器に②のパスタ、③のささ身、かぶを盛る。

❺ **ソースを作る**
フライパンにバター、セージを入れて中火にかける。バターが溶けて泡立ってきたら塩、こしょうをふり、④にかける。

かぶとをささ身は
パスタをゆでた湯でゆでれば、
何度も湯を沸かす手間なし。

11 À la cocotte
Poisson et légumes pochés, sauce aux câpres

ゆで魚とゆで野菜の
ケイパーソース

淡泊な味わいのかじき、じゃがいもにかけるのは
ケイパーでキリッと酸味を利かせたソース。
玉ねぎのシャリシャリ感も大事なアクセントです。

材料(2人分)
かじき … 2切れ(200g)
スナップえんどう … 10本
じゃがいも … 2個(300g)

[ソース]
ケイパー(粗く刻む)… 大さじ2
玉ねぎ(みじん切り)… 大さじ4
パセリ(みじん切り)… 小さじ1
赤ワインビネガー … 大さじ1.5
塩 … ふたつまみ
こしょう … 少々
サラダ油 … 大さじ3

❶ 具の下ごしらえ
かじきは塩小さじ½(分量外)をすり込んで5分ほどおき、さっと洗って水けをペーパータオルで拭く。スナップえんどうは筋を取る。じゃがいもは1.5cm厚さの輪切りにする。

❷ ソースを作る
赤ワインビネガー、塩、こしょうを混ぜ合わせ、サラダ油を少しずつ加えながら混ぜ、残りの材料を加えて混ぜる。

❸ ゆでる
鍋に水1.5Lに塩大さじ1(分量外)、じゃがいもを入れてゆでる。やわらかくなったら取り出し、スナップえんどう、かじきを入れ、3分ほどゆでる。取り出し、ざるに上げて湯をしっかりきる。

❹ 仕上げ
器に❸のじゃがいも、かじきをのせ、スナップえんどうを縦に割いてのせ、❷のソースをかける。

じゃがいもをゆでた湯にスナップえんどう、かじきを入れてゆでる。

12   Soupe paysanne
À la cocotte

ペイザンヌスープ

香味野菜を少ない水分で蒸し煮にしてうまみと甘みを引き出し
ベーコンやソーセージの具を入れて煮ます。
やさしい味わいはいつでもどんなときもお腹を満たしてくれます。

材料（4〜5人分）
ベーコン（ブロック）… 50g
ソーセージ … 4〜6本
玉ねぎ … 1個（200g）
セロリ … ½本（50g）
にんじん … 1本（150g）
長ねぎ … 1本（100g）
にんにく（みじん切り）… 1かけ
押し麦 … 50g
サラダ油 … 大さじ1
水 … 1L
バター … 10g
塩 … 小さじ1
こしょう … 少々

❶ 具の下ごしらえ
玉ねぎ、セロリは1cm角に切り、にんじんはそれより少し小さめの角切り、長ねぎは縦4等分に切り、1.5cm幅に切る。ベーコンは細い棒状に切る。

❷ 蒸し煮にする
鍋にサラダ油、①の野菜、にんにく、押し麦を入れて中火で全体を混ぜ、水½カップ（分量外）を加えて蓋をし、煮立ったら弱火で焦がさないように10分蒸し煮にする。

❸ 煮る
ベーコンを加えてさっと炒め、分量の水を加え、煮立ったらアクを取り、弱火で15分ほど煮る。バターを入れ、塩、こしょうで味を調え、ソーセージを加えて温める。

野菜、押し麦を少ない水分で
蒸し煮にして、甘みとうまみを引き出す。

Arrange　　次の日のアレンジ

スープをミキサーにかけてなめらかな
ポタージュ状にする。鍋に移して温めても。
器に盛って生クリームをかける。

13 À la cocotte
Soupe minestrone

ミネストローネ

イタリアの定番スープもフランス人は大好き。
トマト缶で酸味を利かせます。
パスタはスプーンで食べやすいよう、短く折って加えて。

材料（4〜5人分）
スパゲッティーニ … 50g
ベーコン（ブロック）… 70g
玉ねぎ … 1個（200g）
セロリ … 1/2本（50g）
にんじん … 1本（150g）
長ねぎ … 1本（100g）
にんにく（みじん切り）… 1かけ
オリーブ油 … 大さじ2
トマト缶（ダイスカット）… 1缶（400g）
水 … 3カップ
塩 … 小さじ1
こしょう … 少々
パルミジャーノ・レッジャーノ … 適量

❶ **具の下ごしらえ**
スパゲッティーニは短く折る。玉ねぎ、セロリは1cm角に切り、にんじんはそれより少し小さめの角切り、長ねぎは縦4等分に切り、1.5cm幅で切る。ベーコンは細い棒状に切る。

❷ **蒸し煮にする**
鍋にオリーブ油大さじ1、①の野菜、にんにくを入れて中火で全体を混ぜ、水1/2カップ（分量外）を加えて蓋をし、煮立ったら弱火で焦がさないように10分ほど蒸し煮にする。

❸ **煮る**
ベーコン、トマト缶を加え、煮立ったら分量の水を入れ、再び煮立ったらアクを取り、スパゲッティーニを加えて15分ほど煮る。オリーブ油大さじ1を入れ、塩、こしょうで味を調える。器に盛り、パルミジャーノ・レッジャーノをふる。

Arrange　次の日のアレンジ

鶏もも肉をフライパンでソテーし、
ミネストローネに適量を加えて軽く煮る。
器に盛り、パセリ（みじん切り）をふる。

14 Soupe au lait au saumon à l'aneth
À la cocotte

サーモンのミルクスープ　ディル風味

さけとミルクを使い、さらりとしたスープに仕上げました。
さけを煮すぎないことだけに、気を配れば大丈夫。
ディルで涼やかな香りをつけてランクアップさせます。

材料(4人分)
さけ … 3切れ(300g)
玉ねぎ … 1個(200g)
長ねぎ … 1本(100g)
セロリ … 小1本(70g)
じゃがいも … 大1個(200g)
ディル … 4本
塩、こしょう … 各適量
サラダ油 … 小さじ1
水 … 2カップ
牛乳 … 1½カップ

❶ 具の下ごしらえ
さけは塩小さじ½をすり込んで5分ほどおき、さっと洗って水けをペーパータオルで拭き、食べやすい大きさに切り、こしょう少々をふる。玉ねぎ、長ねぎ、セロリは薄切り、じゃがいもは1cm厚さのいちょう切りにする。ディルは葉先のみ刻む。

❷ 蒸し煮にする
鍋にサラダ油、玉ねぎ、長ねぎ、セロリ、水½カップ(分量外)を入れ、蓋をして中火にかけ、煮立ったら弱めの中火で5分蒸し煮にする。

❸ 煮る
分量の水、じゃがいもを入れ、煮立ったらやわらかくなるまで弱火で5〜8分煮る。さけ、牛乳を加え、さけに火が通るまで煮て、塩、こしょうで味を調え、ディルを混ぜる。

Arrange　次の日のアレンジ

ミルクスープにご飯適量を入れて軽く煮て、
削ったパルミジャーノ・レッジャーノを混ぜ、
リゾット風にする。

さけは煮すぎるとかたくなるので、
仕上げに加え、
火を通しすぎないよう注意する。

Petits desserts de saison
季節のプチデザート

Spring

ルバーブといちごのクランブル

材料（2人分）
ルバーブ … 200g
いちご … 200g
砂糖 … 大さじ4

[クランブル]
バター（食塩不使用）… 30g
小麦粉 … 40g
アーモンドパウダー … 20g
砂糖 … 30g

❶ クランブルを作る。バターは角切りにし、冷蔵庫で冷やしておく。ボウルに小麦粉、アーモンドパウダー、砂糖を入れて混ぜる。バターを加え、指先でつぶしながら混ぜ、ポロポロとしたそぼろ状にする。
❷ ルバーブは2cm幅に切り、いちごは大きい場合は半分に切る。ボウルに入れ、砂糖を加えてからめ、耐熱皿に入れる。
❸ ②の表面に①をのせ、200℃に予熱したオーブンでクランブルに焼き色がつくまで15〜20分焼く。
＊ルバーブがない場合はいちご400g、砂糖大さじ2で作る。

いちごの冷たいスープ ハーブティー風味

材料（2人分）
いちご … 200g
ハーブティー＊ … 3/4カップ
砂糖 … 大さじ2
＊ハイビスカス、ミント、カモミール、ローズヒップなど

❶ ハーブティーに砂糖を入れて混ぜ、熱いうちに半分に切ったいちごを漬ける。粗熱がとれたら冷蔵庫で冷やす。

一皿完結ディナーに何かもう1品というとき、フランス人はサブメニューよりも
小さなデザートを！と考えます。それくらい、スイーツに目がないのです。
季節のフルーツなどを使った簡単なものを作るのがフランス流！

Summer

ブランマンジェ

材料（容量180mLの型2個分）
ゼラチン…5g
アーモンドミルク…1カップ
砂糖…30g
生クリーム…½カップ

❶ ボウルに水大さじ2（分量外）を入れ、ゼラチンをふり入れてふやかし、湯煎で溶かす。
❷ 別のボウルにアーモンドミルク、砂糖を入れてよく混ぜ、生クリームを加えてさらに混ぜる。
❸ ①のボウルに②のうち大さじ2を入れ、よく混ぜる。
❹ ②に③を加えてよく混ぜ、氷氷を入れたボウルにのせ、とろみがつくまで混ぜながら冷やす。好みの型に入れ、冷蔵庫で冷やし固める。

サワーチェリーのクラフティー

材料（容量200mL 高さ3.5cmの耐熱皿2個分）
サワーチェリー（缶）…約½缶（120g）
砂糖…35g
小麦粉…15g
卵…1個
牛乳…½カップ
生クリーム（乳脂肪分30％以上）…¼カップ

❶ サワーチェリーは汁けをきり、ペーパータオルにのせ、水けをきる。
❷ ボウルに砂糖、小麦粉を入れて混ぜ、卵を加えてなめらかになるまで混ぜる。
❸ 鍋に牛乳、生クリームを入れて中火にかけ、煮立ったら②に加え、ダマにならないように絶えず混ぜながら合わせる。
❹ 耐熱皿にチェリーを入れ、③を注ぎ、170℃に予熱したオーブンで20分、中に火が通るまで焼く。

Petits desserts de saison

Autumn

洋なしのアーモンドクリーム焼き

材料（2人分）

洋なし … 1個
アーモンドスライス
　… 20g

[生地]
バター（食塩不使用）… 50g
砂糖 … 50g
卵 … 1個
アーモンドパウダー
　… 50g

❶ 生地を作る。バターをやわらかくし、砂糖を加えてすり混ぜる。卵を溶きほぐして少しずつ加え、さらにすり混ぜ、アーモンドパウダーを加えてよく混ぜる。
❷ 洋なしは皮をむいて芯を取り、縦半分に切って横に7mm幅に切る。耐熱皿に少しずつずらしてのせる。
❸ ②に①をかけ、アーモンドスライスを散らし、200℃に予熱したオーブンで20分ほど焼き色がつくまで焼く。

秋のフルーツと
ドライフルーツのマリネ

材料（2人分）

りんご … 1個
ドライいちじく … 2個
レーズン … 大さじ2
クコの実 … 大さじ1
A
　水 … 150mL
　砂糖 … 大さじ1½
　好みのスパイス（シナモン2cm、八角¼個など）

❶ 鍋にAを入れて中火にかけ、混ぜながら砂糖を溶かし、煮立ったら火を止め、冷ます。
❷ りんごは厚めのいちょう切りに、ドライいちじくは食べやすく切る。
❸ ①に②、レーズン、クコの実を入れ、冷蔵庫でひと晩冷やす。

Winter

ババ

材料（2人分）
ブリオッシュ…2個
ホイップクリーム…適量

[シロップ液]
砂糖…50g
水…½カップ
ラム酒…大さじ1

❶ ブリオッシュに竹串で数か所穴を開け、小さめのバットなどに入れる。
❷ 鍋に砂糖、水を入れ、混ぜながら加熱する。煮立ったら火を止め、ラム酒を加える。熱いうちに①にかけ、ときどき返しながらシロップを全体に染み込ませ、冷蔵庫に入れて冷やす。
❸ 器に盛り、ホイップクリームを添える。

フルーツのグラタン

材料（2人分）
いちご…小10個
パイナップル…80g
キウイ…1個
バナナ…小1本

[カスタードクリーム]
卵黄…1個
砂糖…30g
小麦粉…10g
牛乳…150mL

❶ カスタードクリームを作る。ボウルに卵黄、砂糖を入れ、泡立て器で泡立て、軽く白っぽくふんわりしたら小麦粉をふるい入れ、均一になるまで混ぜる。牛乳を温めて加え、手早く混ぜる。
❷ ①を鍋に移して中火にかけ、絶えずへらでかき混ぜながらトロッとしてつやが出るまで20秒ほど加熱する。
❸ フルーツは食べやすく切って耐熱皿に並べ、②をかけ、200℃に予熱したオーブンで軽く焼き色がつくまで焼く。

上田淳子 Junko Ueda

料理研究家。神戸市生まれ。辻学園調理技術専門学校卒業後、同校の西洋料理研究職員を経て渡欧。スイスのホテルやベッカライ（パン屋）、フランスではミシュランの星つきレストラン、シャルキュトリー（ハム・ソーセージ専門店）などで約3年間料理修業を積む。帰国後、シェフパティシエを経て、料理研究家として独立。自宅で料理教室を主宰するほか、雑誌やテレビ、広告などで活躍。ワインに合う日本食の提案イベントや、双子の母としての経験をいかした子どもの食育についての活動も行う。確かな技術と分かりやすい教え方に定評がある。近著に『4つのソースでごちそうレシピ』（学研プラス）、『ラクするご自愛ごはん』（主婦の友社）など。本書は『フランス人は、3つの調理法で野菜を食べる。』『フランス人が好きな3種の軽い煮込み。』などに続き、大好評の「フランス人の料理」シリーズ第9弾となる。Instagram：@ju.cook

Staff

撮影：新居明子
ブックデザイン：福間優子
スタイリング：花沢理恵
フランス語訳：Dominique NOWAK ／ Adélaïde GRALL ／ Juli ROUMET
校正：麦秋アートセンター
編集：飯村いずみ
調理アシスタント：高橋ひさこ、田中美奈子

◎撮影協力
SOUVENIR de PARIS
（スーヴニール・ド・パリ／山端 朱美）
Instagram：@souvenirdeparis

フランス人は、気軽なひと皿で食事を愉しむ。

2024年9月12日 発　行　　　　　　　　　　　　　NDC596
2025年6月3日 第2刷

著　　　者　　上田淳子

発　行　者　　小川雄一
発　行　所　　株式会社 誠文堂新光社
　　　　　　　〒113-0033 東京都文京区本郷3-3-11
　　　　　　　https://www.seibundo-shinkosha.net/
印刷・製本　　株式会社 大熊整美堂

©Junko Ueda.2024　　　　　　　　　Printed in Japan

本書掲載記事の無断転用を禁じます。

落丁本・乱丁本はお取り替え致します。

本書の内容に関するお問い合わせは、小社ホームページのお問い合わせフォームをご利用ください。

本書に掲載された記事の著作権は著者に帰属します。これらを無断で使用し、展示・販売・レンタル・講習会などを行うことを禁じます。

JCOPY 〈（一社）出版者著作権管理機構 委託出版物〉
本書を無断で複製複写（コピー）することは、著作権法上での例外を除き、禁じられています。本書をコピーされる場合は、そのつど事前に、（一社）出版者著作権管理機構（電話 03-5244-5088／ FAX 03-5244-5089／ e-mail:info@jcopy.or.jp）の許諾を得てください。

ISBN978-4-416-72348-7